Rien ne va, mais...

92, avenue de France
75013 Paris
Tél. : 01 44 16 09 00
Fax : 01 44 16 09 01
www.plon.fr
www.lisez.com

Mise en pages : Nord Compo
Dépôt légal : octobre 2022
ISBN : 978-2-259-31261-5

François Lenglet

Rien ne va, mais...

PLON
www.plon.fr

DU MÊME AUTEUR

La Crise des années 30 est devant nous, Perrin, 2007

La Guerre des empires : Chine contre États-Unis, Fayard, 2010

Qui va payer la crise ?, Fayard, 2012

La Fin de la mondialisation, Fayard, 2013

Tant pis ! Nos enfants paieront, Albin Michel, 2016

Tordez le cou aux idées reçues, Stock, 2018

Tout va basculer !, Albin Michel, 2019

Quoi qu'il en coûte !, Albin Michel, 2020

Un livre optimiste

Un pouvoir d'achat redressé.

Un monde où les inégalités entre le capital et le travail seraient réduites, après quarante ans d'un mouvement contraire féroce.

Une France où les salariés retrouveraient un marché de l'emploi semblable à celui des années 1960, lorsqu'il suffisait vraiment de traverser la rue pour travailler.

Une France réindustrialisée avec les nouvelles technologies et les révolutions écologiques.

Des entreprises fières de la puissance du *made in France*.

Une France plus affirmée en Europe, à égalité avec l'Allemagne.

Voilà ce qui se prépare, sous nos yeux.

Pour la première fois depuis des décennies un tel monde est possible. Et ce livre vous dit pourquoi et comment.

Un monde en vrac !

Comment être optimiste aujourd'hui sans ressembler à Pangloss, le philosophe benêt que Voltaire met en scène dans *Candide* ? Après une année 2022 sur le berceau de laquelle toutes les fées Carabosse semblent s'être penchées pour y déchaîner les malédictions ?

En apparence, *rien ne va*. Et l'on peut dresser, comme point de départ, la liste des catastrophes qui se sont abattues sur nos têtes.

La guerre : on la pensait impossible, Poutine l'a faite. En Ukraine qui, la première, avait fait sécession avec l'Union soviétique, peu après la chute du mur de Berlin. Les « Trente paisibles », cette extraordinaire parenthèse de détente, s'achève là même où elle avait débuté, nous reconduisant dans le monde des livres d'histoire, habité par les dictateurs, les mégalomanes, les kamikazes que nous pensions avoir quittés pour toujours. Un monde où les démocraties sont faibles, parce qu'elles veulent encore et toujours croire au pouvoir de la raison, comme notre président français, multipliant ses appels infructueux au Kremlin.

Dans ce monde sans maître des horloges, les institutions internationales dépérissent. Seul compte le rapport de force. L'assemblée générale de l'ONU, juste après le déclenchement de l'invasion, a montré que si la condamnation de la Russie a été votée par de nombreux pays, elle n'a pas emporté la majorité des Terriens, puisque la Chine et l'Inde en sont restées à l'écart. Le G7, créé par le président Giscard d'Estaing dans les années 1970 pour constituer un « directoire mondial », n'est plus qu'un club de pays occidentaux réduits à leurs justes dimensions, géographiques et démographiques, c'est-à-dire plus que modestes. Le G20, qui avait connu son heure lors de la crise financière de 2008-2009, ne se réunit plus. De quoi y parlerait-on ? Y a-t-il encore un sujet sur lequel on puisse arracher un communiqué commun dans cette tour de Babel ? L'Organisation mondiale du commerce, le FMI et la Banque mondiale végètent, eux qui étaient les gardiens de la stabilité économique. C'est toute la gouvernance mondiale de l'après-guerre, inspirée par les États-Unis, qui ploie sous la poussée de forces dont nous comprenons confusément qu'elles ne nous sont pas favorables.

Les virus ensuite, avec une maladie nouvelle, le Covid, qui nous a ramenés aux temps lointains des grandes épidémies, de la crainte permanente de la contamination et des morgues saturées.

Puis l'inflation, qui a pris comme les grands incendies de l'été pour devenir, tout comme eux, impossible à contenir, malgré l'action des banques centrales du monde entier. Elle mange les salaires, corrode l'épargne, fait fondre les revenus. Surprise là encore, devant le déchaînement d'un phénomène venu du lointain XXe siècle. Pas un Français de moins de cinquante ans n'avait jamais fait l'expérience de voir sa feuille de paie si vite dévorée par les courses au supermarché et le plein à la pompe. Et les autres l'avaient oubliée.

Puis encore les fragilités de la croissance. La reprise exceptionnelle que nous avons connue en 2021 – avec la plus forte activité économique en France depuis les années 1970 – est déjà terminée, sous l'effet de la hausse des taux d'intérêt et de l'inflation, comme si cela n'avait été que la lueur fugace d'une brassée de sarments jetés dans l'âtre. Après quinze années d'utilisation massive de la planche à billets dans les pays développés, Europe, Amérique, Japon, la fragilité de l'économie nous reconduit toujours au même dilemme. Soit relancer l'emprunt pour entretenir l'activité, au risque de finir par provoquer une nouvelle crise financière à cause de l'amoncellement de dettes. Soit rompre avec les artifices pour préserver la stabilité financière, au risque de provoquer une crise sociale à cause du chômage et de la chute des revenus. Des deux côtés, c'est l'impasse.

L'Europe, à peine guérie de la crise de l'euro et de celle du Covid, voit à nouveau se profiler la menace d'une explosion de l'union monétaire, sous l'effet de spéculateurs plus sévères que nos dirigeants sur les perspectives économiques. C'est l'Italie qui est désormais le maillon faible, étranglée par les dettes, la désertification économique et la démographie déclinante. Habilement, la France passe sous le radar des marchés et continue à dépenser. Il faut tout l'art de Bruno Le Maire, notre ministre des Finances, pour éteindre les crises sociales à coups de dizaines de milliards tout en parlant redressement des finances publiques. Mais combien de temps ce subterfuge peut-il durer ?

Il y a encore le rationnement de l'électricité qui se prépare pour l'hiver prochain, à cause des livraisons russes réduites et des centrales nucléaires hors service. Pas un Français de moins de quatre-vingts ans n'a jamais manqué de ce bien vital qu'est l'énergie – la dernière fois, c'était au sortir de la deuxième guerre mondiale. En vue également, les pénuries de médicaments, de semi-conducteurs, qui donnent le sentiment que l'appareil de production industrielle ne répond plus, alors que nous pensions vivre dans un monde de plus en plus efficace.

Comme si tout cela ne suffisait pas, les désordres climatiques se multiplient. Les canicules. Les sécheresses. Les forêts de séquoias qui flambent, les glaciers qui craquent et s'effondrent dans des mers polaires désormais tièdes. L'eau tantôt rare au point de craqueler la terre, tantôt dévalant dans un déluge qui emporte les habitations. Voilà déjà vingt ans que le diagnostic du réchauffement climatique est largement partagé par les scientifiques, tout comme est avéré le rôle accélérateur des émissions de carbone dans le processus. Nous pensions pourtant avoir le temps. Nous imaginions négocier avec le climat, qui aurait d'abord envoyé de gentils avertissements, justes assez visibles pour nous décider à éviter la catastrophe. Il est possible que cela ne se passe pas aussi bien.

Pour faire bonne mesure, ajoutons la crise politique qui met à l'épreuve les démocraties. En France, le prix de la réélection d'Emmanuel Macron est une Assemblée nationale sans majorité. Comme si les électeurs s'étaient vengés du piège dans lequel il les a mis pour la seconde fois, le face-à-face avec Marine Le Pen. La Ve République, après avoir été dénaturée par le quinquennat et l'inversion du calendrier électoral, produit un résultat exactement contraire aux intentions de ses fondateurs : une assemblée si littérale, par rapport à la réalité politique du pays, qu'elle ne permet plus de le gouverner. L'extrême gauche criaille, pérore, flatte ses électeurs avec la comédie grossière qu'elle donne sur tous les sujets. Les députés d'extrême droite restent sages sur leur banc. « Le Pen leur a acheté un costume et une cravate, ils attendent leur heure », remarquait cet été l'un des plus hauts personnages de l'État.

En Europe, la situation n'est guère plus brillante. Rome alterne les gouvernements de technocrates policés et impuissants avec ceux de personnages outranciers qui surjouent la révolte contre Bruxelles, comme s'ils étaient en guerre contre les fascistes. À Londres, les gouvernements se succèdent, impuissants à mettre en œuvre la stratégie nationale de l'après-Brexit. À Washington, deux vieillards, Trump et Biden, s'empoignent pour le pouvoir. L'un a quasiment appelé à l'insurrection lorsqu'il a perdu l'élection de 2020, au profit de l'autre, qui ne parvient pas toujours à terminer ses phrases. À l'heure où le camp occidental aurait besoin d'un chef, les États-Unis se divisent sur les armes, l'avortement, la religion.

Quel que soit le côté vers lequel on se tourne, c'est la régression. La confusion. Les tensions. Pour les lointains enfants des Lumières que nous sommes, qui imaginaient benoîtement que la marche du monde était balisée par les flèches du Progrès, l'accumulation des catastrophes et des échecs fait douter. Comment expliquer cette fatale synchronie des calendriers géopolitiques, macro-économiques, climatiques et épidémiques ?

Derrière les catastrophes

Rien ne va, mais…

Certains de ces événements se ramènent à une cause unique, dont ils sont l'expression chacun dans leur domaine, la transition d'un modèle à l'autre, comme le monde en connaît à intervalles réguliers – en gros une fois par siècle. Et pointe alors un nouveau modèle, sur les ruines de celui qui disparaît sous nos yeux dans des convulsions parfois effrayantes.

Un nouveau cycle est toujours livré en vrac par l'actualité, comme un meuble Ikea, avec une notice tout aussi inintelligible. Tous les éléments qu'on retrouve dans chaque grande transition sont là, chacun dans son domaine. En géopolitique, un maître du monde qui fatigue, perclus par les dettes, la spéculation et les aventures militaires aux confins de la planète, et des tensions militaires avec le pays *challenger*. Dans l'économie, la montée des inégalités, à cause de la puissante redistribution de richesses qu'opérait la mondialisation et des fortunes insolentes qu'elle avait créées, et l'emballement de la dette pour soutenir une activité déclinante. Dans le champ politique, les victoires du populisme et la multiplication des scandales jusque dans les plus vieilles démocraties, parce que l'opinion publique n'était plus satisfaite de ses élites.

Partout, le même phénomène central, une demande d'ordre, à la fois politique, sécuritaire et économique, émanant d'une large classe moyenne malmenée quasiment dans tous les pays. Une demande aussi puissante qu'un balancier après qu'il a inversé sa course, lorsque tout son poids s'investit dans la nouvelle direction. Car c'est bien d'une inversion dont il s'agissait, après quarante ans de libéralisme, comme si les peuples étaient fatigués de la liberté et de ses inconvénients. Comme toujours après les phases de mondialisation et de dérèglementation excessives. En 2019, l'orientation de ce balancier idéologique lancé à pleine vitesse était déjà nette : retour des frontières et de la puissance publique dans l'économie[1].

Manquait l'événement déclencheur, qui allait révéler les changements latents dans la psychologie collective. Une guerre joue ce rôle, on l'a vu dans le passé, après le second conflit mondial notamment, parce qu'elle provoque un gigantesque *reset* du logiciel collectif, en modifiant instantanément les priorités et les valeurs. « Il nous faudrait une bonne guerre », disent parfois les personnes âgées, au vu de ce qu'elles estiment être les dérives contemporaines, alors qu'elles ont elles-mêmes connu les atrocités d'un conflit meurtrier. Si elles le pensent, c'est justement parce que le stress d'une guerre ressoude le collectif en ramenant la société à la nécessité de survivre.

Une épidémie peut aussi avoir cette fonction. L'épidémie du Covid-19, événement contingent par excellence, a eu un double effet, au-delà de la souffrance qu'elle a provoquée avec les millions de décès survenus dans le monde. Elle inspire la peur de mourir et reconcentre donc les hommes sur les choses fondamentales, au détriment des « divertissements », pour employer un mot pascalien. D'où la remise en question universelle du travail qui s'est exprimée après les confinements. Et elle a contraint les responsables politiques à changer de pied, justement pour s'adapter à la demande de protection sanitaire et politique. C'était particulièrement vrai en France, où l'on a vu la métamorphose d'Emmanuel Macron, élu en 2017 sur l'élan libéral mourant – il était alors le promoteur des « réformes » et de la *start-up nation* – se transformer en président protecteur bien plus en phase avec l'esprit des temps. C'était l'heure du « quoi qu'il en coûte ».

L'invasion de l'Ukraine n'avait, elle, rien de contingent. C'est la conséquence directe de l'affaiblissement des États-Unis, et surtout du fait qu'ils ont renoncé à combattre pour défendre leur suprématie. Le retrait d'Afghanistan, pitoyablement exécuté, en avait fait la démonstration dès le 30 août 2021. Certes, pour nous, Européens de l'Ouest, le conflit ukrainien est jusqu'ici virtuel, vécu sur les écrans de télévision des chaînes d'information continue. Il a pourtant créé un choc dans l'opinion publique. Les Européens ont été ramenés de force dans l'histoire, alors qu'ils pensaient s'en être abstraits depuis leur réconciliation : la guerre pouvait revenir sur leur sol, et avec elle la folie des dictateurs prêts à risquer la destruction massive pour satisfaire leurs obsessions. Et rien ne dit qu'elle ne va pas atteindre aussi les démocraties de l'Ouest du continent, qui peuvent se trouver entraînées d'un conflit par procuration à un affrontement sans intermédiaire. C'est la crainte actuelle des plus hauts dirigeants européens.

Là encore, le changement d'état d'esprit a été immédiat – une sorte de *reset*. En Allemagne, qui en quelques heures a mis fin à quarante années d'atermoiements sur ses dépenses militaires. À Bruxelles, où les États européens se sont organisés en quelques jours pour sanctionner la Russie. Et plus largement en Europe même, avec la conscience nouvelle de l'unité, de valeurs communes, face au danger. C'est le risque qui crée la conscience de soi. C'est ainsi que l'Europe est née, après les désordres sanglants de la première moitié du XXe siècle, dont le souvenir a aiguillonné les dirigeants des pays fondateurs, France et Allemagne en particulier. La confrontation indirecte avec Poutine joue le rôle d'un puissant rappel de vaccin, au moins pour les pays de l'Europe de l'Ouest, les fondateurs, justement. L'Est est plus divisé, entre les Baltes et la Pologne d'un côté, qui redoutent l'invasion russe, la Hongrie de l'autre, plus proche de Moscou. L'expérience probable du rationnement de l'énergie devrait marquer un nouveau cap dans ce sentiment de communauté, même si, on l'imagine volontiers, la pratique de la solidarité d'un état à l'autre révèle aussi certaines forces centrifuges.

L'épidémie et la guerre nous ont donc changés plus profondément qu'il n'y paraît, la crise climatique est en train de le faire tout autant. D'abord parce qu'elle réintroduit l'idée de limite que les hommes avaient récusée : il y a désormais une frontière indépassable, non pas à la croissance en tant que telle, mais à l'émission de carbone, sous la forme du changement climatique. Or, il n'y a que deux façons de gérer une limite. Laisser jouer le marché, avec la hausse des prix des biens de plus en plus rares, comme le droit à polluer ou, ce qui revient au même, les énergies fossiles, pétrole ou gaz. Dans cette hypothèse, la contrainte est inégalement répartie, car les plus aisés s'en affranchissent en payant sans problème des tarifs élevés pour faire circuler leur voiture, leur yacht ou leur avion. C'est l'option que nous avons collectivement retenue jusqu'ici, quitte à subventionner l'énergie avec l'argent du contribuable, comme le fait le gouvernement français, pour atténuer les difficultés des ménages modestes.

L'autre option, qui va s'imposer dans les années qui viennent, c'est le rationnement, pour redistribuer la contrainte de façon égalitaire. On le pratique déjà avec l'eau, dans les régions sinistrées par la sécheresse ; ce sera le cas avec l'énergie. Clément Beaune, le ministre des Transports, envisage déjà de limiter l'usage des jets privés.

La crise climatique est en train d'installer l'État comme dispensateur des biens essentiels. Comme en temps de guerre. Comme en temps de guerre aussi, la puissance publique se substitue aux agents privés, les entreprises et les marchés financiers, pour programmer la transition énergétique et construire les filières de production d'énergie décarbonée. Emmanuel Macron a épousseté pour l'occasion un mot tout droit sorti de l'après-guerre, la « planification ». Singulière conversion que celle du chef de l'État, qui en cinq ans a parcouru un large spectre idéologique, passant de l'extrémité libérale à son exact opposé, de la vertu des marchés à celle de l'État planificateur. À la décharge de notre président caméléon, il faut dire qu'entretemps le monde a changé.

Un nouveau cycle

À bien regarder ces différents événements et ce que nous en avons fait, on distingue la logique qui est à l'œuvre : la mort du cycle libéral, et la naissance de son antithèse, le cycle protectionniste. Même les événements contingents ou subis par les hommes sont asservis à ce courant dominant.

Reste à dessiner le chemin qui s'ouvre : où nos pas nous portent-ils, exactement ? Plusieurs rapports de force essentiels sont en train de s'inverser, sous la poussée des événements. Ils devraient produire une société et une économie fort différentes de celles auxquelles nous sommes habitués.

Moins de marché, et plus d'État, y compris dans les pays de tradition libérale comme ceux de l'Europe du Nord : c'est ce qui nous attend pour faire face aux enjeux énergétiques et climatiques et, plus largement, pour assurer nos approvisionnements dans un monde qui se fragmente sous l'effet de la montée des tensions géopolitiques. Cette nouvelle politique économique devrait déboucher sur la réhabilitation du producteur, au détriment du gagnant du cycle précédent, le consommateur. C'est ce dernier qui avait cueilli les fruits de l'économie de marché mondialisée, et des délocalisations en particulier. C'est pour lui qu'avaient été conçues les politiques économiques à partir des années 1980. Il devrait subir des temps plus difficiles : avec le retour des États dans une mondialisation éclatée, c'est la fin de l'efficacité-prix du marché. L'inflation qui augmente est la mesure de ce rapport de force de plus en plus défavorable au consommateur et, de façon symétrique, de l'avantage croissant que prennent les producteurs.

Autre binôme au sein duquel les relations vont se trouver révolutionnées, le couple employeur-employé. Le salarié va profiter d'une condition plus favorable. D'abord parce que l'arbitrage systématique en faveur du consommateur est remis en cause. Or, le salarié en avait été la victime. Le monde d'hier préférait produire moins cher même si c'était à l'étranger, le monde demain préfèrera produire chez nous même si c'est plus cher. C'est bon pour l'emploi. Ensuite le salarié va devenir plus rare. Les pénuries actuelles de ressources humaines ne font que préfigurer des évolutions démographiques mondiales qui vont bouleverser le marché du travail. Dans les décennies de mondialisation, des dizaines, des centaines de millions de personnes supplémentaires avaient rejoint la machine économique planétaire. Désormais, ces légions vieillissantes se retirent et aspirent à la retraite. Le travailleur, qui va devenir lui aussi une ressource rare, va se vendre plus cher. Pour résumer, dans le monde qui pointe, il y a davantage d'emplois et davantage de salaire.

Dans un tel univers, c'est le capital qui va payer la note. Encore un retournement, car l'actionnaire était l'autre grand gagnant du cycle libéral. Il avait profité des délocalisations tout autant que le consommateur, mais sous la forme de dividendes en hausse. De plus, grâce à la disparition des frontières, il avait installé le rapport de force en sa faveur. Qu'un gouvernement prenne des mesures fiscales ou réglementaires qui lui étaient défavorables, en un instant le capital était parti à l'autre bout de la planète, grâce à la libre circulation de l'argent – qui remonte en Europe à 1992 – et à des réseaux de télécommunications parfaitement sécurisés. C'est fini. Le terrain du jeu du capital va se réduire aux dimensions de l'espace géopolitique, en gros celui de l'Occident élargi. Que les investisseurs en sortent, et ce sera à leur dépens. La guerre d'Ukraine en a été la première illustration, avec la retraite forcée qu'ont subie les multinationales, car la Russie ne fait plus partie du périmètre acceptable, et pour longtemps. La prochaine sera sans aucun doute la Chine. L'Empire du Milieu est en train de se désincarcérer de l'économie mondiale, et l'inéluctable montée des tensions entre Pékin et l'Occident va précipiter la construction d'un « rideau de bambous » pour isoler les deux univers l'un de l'autre. Bon nombre de groupes occidentaux sont d'ailleurs en train de réduire leur exposition au marché chinois. LVMH, qui a littéralement imprimé des billets de banque grâce à ses produits en Chine depuis vingt ans, a signé sa dernière grosse acquisition aux États-Unis, pour rééquilibrer la géographie du groupe. Florent Ménégaux, patron de Michelin, confiait au printemps 2022 veiller à ce que la proportion de son chiffre d'affaires réalisée en Chine se tienne en deçà d'une certaine limite. Un patron qui aurait raisonné ainsi il y a trois ans aurait été pris pour un fou… Stellantis, le constructeur automobile franco-italien – c'est l'ex-Peugeot-Citroën – annonçait fin juillet la fin de ses implantations industrielles en Chine, devant les prétentions jugées inacceptables de son partenaire.

Balkanisation de l'économie mondiale, inflation persistante, pénurie de main d'œuvre qui va faire remonter les salaires : le capital et les actionnaires se préparent des années moins clémentes que ne le furent celles du cycle libéral. Avec deux conséquences macro-économiques et sociales. La réduction des inégalités tout d'abord, puisque leur accélération s'expliquait largement par l'inflation de la valeur du capital et la stagnation des salaires, en particulier ceux des faiblement qualifiés. Et le dynamisme retrouvé de la demande ensuite, qui devrait stimuler la croissance. La concentration extrême de la richesse – là encore, il faut distinguer la situation de l'Europe, le moins inégalitaire des continents, et au sein de celui-ci celle de la France, le plus égalitaire des pays – est en effet l'un des traits marquants du modèle libéral qui s'est installé à partir des années 1980-1990. Elle a pesé sur l'activité économique, car les riches sont de plus en plus riches, un peu plus nombreux, mais pas assez pour faire tourner l'économie. Ainsi en 2022 la fortune des 500 plus grandes fortunes françaises dépassait les 1 000 milliards d'euros. Cette envolée des inégalités explique en partie notre recours massif à un carburant de substitution pour alimenter l'économie, l'endettement, public comme privé. Tout cela va changer.

Dans ce nouveau monde qui émerge, la situation de l'Europe ne sera plus du tout la même. Les chocs de la guerre et de l'épidémie ont porté là aussi, fort heureusement. Face à l'adversité, ou plutôt face à l'adversaire, nous savons davantage qui nous sommes. Nous mesurons le prix de ce qui nous lie les uns aux autres. C'est un changement complet, par rapport à l'époque où la Communauté ne pouvait se prévaloir que de la réalisation d'un grand marché et de la protection du consommateur, alors que les menaces stratégiques avaient disparu. Les défenseurs de la cause avaient beau nous expliquer que la paix était un bénéfice de la construction européenne, cela semblait aussi inutile qu'un moulin à prières tibétain. Si l'Europe sert désormais à protéger contre les dangers militaires et stratégiques au nom de valeurs communes, si elle parvient à sécuriser nos approvisionnements énergétiques comme elle l'a fait avec succès pour les vaccins, nous allons l'aimer davantage. Son repositionnement est d'autant plus souhaitable dans un monde où les grandes régions s'organisent et où chacune d'entre elles devra gérer les relations et les conflits avec les autres.

Cette route est longue, mais elle est indubitablement commencée. Elle passera par la refonte de la doctrine économique commune sur la concurrence et la protection commerciale des frontières. Elle passera aussi par l'augmentation des investissements militaires des différentes capitales et leur coordination. Faut-il pour autant rêver à l'éternelle chimère de la « défense européenne », évoquée depuis bientôt cent ans par les fédéralistes du Vieux Continent ? Ne perdons pas de temps. D'abord parce qu'il est indispensable que les décisions sur ces sujets de vie ou de mort restent dans les mains de gouvernements démocratiquement élus. Ensuite parce que, dans cette aventure, le Royaume-Uni nous manquera. C'est le seul pays comparable à la France, dans ses ambitions et ses moyens stratégiques et militaires, dans sa connaissance du monde nourrie par son passé impérial, dans ses combats lors des deux dernières guerres mondiales. Il importe de conserver le cadre national pour la défense, et avec lui les liens militaires et stratégiques entre la France et le Royaume-Uni.

L'inconnue de la période qui s'ouvre, c'est l'Allemagne. Elle avait été la grande gagnante de la chute des tensions stratégiques. D'abord parce qu'elle a pu se réunifier et constituer ainsi, paisiblement et de façon remarquablement rapide, une puissance de premier ordre. Ensuite parce qu'elle a pu lancer ses entreprises à la conquête d'un monde pacifié, ouvert au commerce comme il ne l'avait pas été depuis 1913. Dans les quinze dernières années, elle s'est appuyée pour cela sur deux pays, la Chine pour les marchés, la Russie pour l'énergie. Ainsi a-t-elle pu dégager des centaines de milliards d'euros d'excédents commerciaux annuels. C'est fini. La Russie est exclue du jeu mondial, la Chine se referme. Le modèle allemand est désormais privé de ses deux jambes. En mai dernier, l'économie outre-Rhin a enregistré un léger déficit commercial, pour la première fois depuis… 1991. Un signe précurseur.

Selon toutes probabilités, l'Allemagne entre donc dans une période d'affaiblissement relatif. Où va-t-elle investir son désir de conquête si les routes commerciales qui l'ont dérivé sont fermées ? Comment va-t-elle rénover son modèle ?

Il va lui falloir redéfinir un projet national, en soldant l'époque Schroeder-Merkel, celle du tout-commerce, qui la laisse en panne. Certains s'en réjouissent déjà. Ainsi Yanis Varoufakis, ministre des Finances aux temps de la crise grecque, lorsque Berlin tenait la dragée haute à Athènes, qui pointe les similitudes entre le désarroi de son pays en 2010 et celui du géant industriel affaibli aujourd'hui[2]. Il exagère un tant soit peu… L'Allemagne a de beaux restes. Mais elle n'est plus en position de donner des leçons comme elle le fait depuis trente ans. Et il faut espérer que son trouble existentiel ne la déstabilisera pas au point de compromettre la transformation de l'Union qui débute.

C'est d'autant plus souhaitable que, quand bien même Bruxelles parviendra à se transformer en adoptant le concept de souveraineté européenne, les problèmes de l'Europe ne sont pas réglés. La crise de l'euro couve toujours. Ce n'est plus la Grèce qui inquiète, mais l'Italie, avec une flambée intermittente de ses taux d'intérêt et la menace d'un nouveau gouvernement populiste. Un pays fondateur de l'Europe – le premier traité n'a-t-il pas été signé à Rome ? – littéralement asphyxié par l'union monétaire, au point d'y perdre sa croissance, ses finances publiques et sa population, les jeunes quittant le pays par centaines de milliers pour aller travailler ailleurs. L'euro aura été une grave erreur économique, mais elle est faite. Et les Européens y tiennent avec dévotion. Le sauvetage de la monnaie unique et de ses victimes lors des crises à venir risque donc de mobiliser encore beaucoup d'énergie et de centaines de milliards. Une Allemagne affaiblie sera-t-elle aussi encline à payer que l'Allemagne triomphante sur les marchés mondiaux ?

Les atouts de la France

Quant à la France, ce nouveau monde devrait lui convenir davantage que le précédent. Parce qu'il fait une place de choix à l'État, la passion des Français, à laquelle ils n'avaient jamais vraiment renoncé, même à l'ère libérale. L'État et sa politique industrielle, naguère honnie et aujourd'hui de retour. Parce que les Français déploient plus volontiers leurs atouts sur la scène diplomatique que dans le champ de l'économie – nous n'avons guère été efficaces à l'apogée du commerce. Le tête-à-tête avec l'Allemagne s'était déséquilibré à notre détriment parce qu'elle avait beaucoup mieux profité du calme du monde que nous ne l'avons fait. La saison des tempêtes, plus politique, nous sera moins défavorable. Nous avons moins à perdre à la réclusion de la Russie et de la Chine.

Ultime avantage, le retour de l'illusion monétaire, avec l'inflation, va nous permettre de faire fondre insensiblement la dette que nous avons accumulée, en faisant défaut progressivement, sans le dire, comme nous l'avons fait tout au long du XXe siècle. L'euthanasie du rentier, avec la fabrication du camembert et l'industrie du luxe, est une spécialité française. En apparence, les dettes seront honorées. En réalité, les créanciers seront insensiblement spoliés puisque nous les rembourserons dans une monnaie qui aura perdu de son pouvoir d'achat.

Cette illusion salvatrice va alléger la pression pour faire les fameuses « réformes », à commencer par celle des retraites. Si les pensions ne sont pas revalorisées autant que les salaires, ce qui est inévitable, la part des retraites dans la richesse nationale va diminuer toute seule, sans concertation sociale, sans débat parlementaire, sans article 49-3. L'inflation permettra de réduire de façon discrète et efficace la redistribution sociale considérable que nous avons mise en place, accrue encore pendant le premier quinquennat Macron, et qui a dévoré peu à peu les moyens financiers dévoués au fonctionnement de l'État et des services publics. Ainsi va la réforme à la française : elle ne doit pas être dite pour réussir. L'inflation est un auxiliaire précieux dans les pays comme le nôtre, dont la culture individualiste est incompatible avec la pratique du dialogue social. Peut-être la disparition de l'inflation lors des trente dernières années explique-t-elle d'ailleurs les difficultés de la France à se réformer.

Reste l'équation politique. Nous sommes dans une situation doublement inédite. Le président est, pour la première fois durant la Ve République, en CDD non renouvelable. Quoi qu'il arrive, à Constitution inchangée, il devra quitter l'Élysée au printemps 2027. L'idée selon laquelle, n'ayant pas à se soucier de sa réélection, il serait plus libre de réformer le pays est tout à fait saugrenue. La crise des Gilets jaunes a montré qu'élection ou pas, le pays peut basculer en quelques jours dans un état insurrectionnel. Quant à l'absence de sanction électorale en fin de mandat, elle peut tout autant produire un effet inverse et supprimer la pression pour agir.

L'autre bizarrerie tient bien sûr à la composition de l'Assemblée nationale, sans majorité, ni pour l'exécutif, ni pour l'opposition. Certes ingouvernable, la Chambre n'est pourtant pas très éloignée, dans la répartition de ses élus, des scores à la dernière élection présidentielle. C'est un reflet de la réalité politique française. Il est donc normal, même souhaitable, que le président l'ait en face de lui à chaque heure de son mandat, sur toutes ses initiatives. C'est même une garantie pour que les débats se déroulent au Palais-Bourbon plutôt que dans les rues – et tant mieux. Car lorsque le président invoque le programme sur lequel il a été élu pour s'en prévaloir, il omet de préciser que son mandat politique a été oblitéré par les circonstances de l'élection, qui lui ont apporté des voix contraintes par le refus de l'extrême droite. Les électeurs ont ainsi voulu écrire un codicille à la désignation du président, en lui rappelant les limites de leur assentiment. On ne peut pas leur en vouloir. Leur message n'est pas incohérent.

À Emmanuel Macron, donc, de trouver les voies de passage. Ou, à défaut, d'exploiter les erreurs tactiques des uns et des autres. Il détient l'arme de la dissolution, qu'il doit utiliser avec une prudence infinie. Exactement comme un voyageur qui traverserait une forêt avec un fusil et une seule cartouche : il lui faut être sûr de tuer l'ours avec le seul coup dont il dispose. Faute de quoi… Il se trouverait dans une situation encore plus délicate que Jacques Chirac après sa dissolution ratée, en 1997, car il aurait alors subi deux défaites législatives consécutives. C'est sa légitimité présidentielle qui en serait affectée, sinon compromise, dans une cohabitation qu'on imagine chaotique.

On n'en est pas là. Et le message des électeurs n'est pas si confus. Par-delà la dispersion des suffrages d'opposition du Rassemblement national à la France insoumise, il y a là une forte demande d'ordre et de protection. Ordre sécuritaire, à l'évidence. Le fiasco du stade de Saint-Denis, le 28 mai dernier, lorsque les bandes de voyous ont rançonné les spectateurs en toute impunité, a bien sûr aiguillonné les électeurs de l'extrême droite. Élisabeth Borne, tout juste nommée Première ministre, voyait dans ce grave incident la cause principale de la défaite du bloc gouvernemental, en estimant à plusieurs dizaines le nombre de députés perdus à cause de ce ratage. Ordre en matière d'immigration, alors que là aussi, la question a été systématiquement balayée lors du premier quinquennat comme secondaire, voire fantasmée. Demande d'ordre économique, enfin, avec des suffrages aux législatives qui se sont portés sur deux programmes économiques en réalité assez similaires, ceux de l'extrême droite et l'extrême gauche, qui se rejoignent sur le refus du marché, la réhabilitation de l'État et la lutte contre les inégalités.

En juin dernier, les électeurs ont donc demandé à Emmanuel Macron de remédier aux désordres qu'il a laissés s'accumuler. Peut-il y parvenir sans pour autant sacrifier son programme ? La situation institutionnelle semble périlleuse, mais il faut se souvenir que celle de la première cohabitation, en 1986, paraissait tout aussi incertaine. Un seul commentateur, Serge July, avait vu que ce cas de figure inédit pouvait devenir « l'heure éblouissante » du président de l'époque, François Mitterrand[3]. Il avait raison. Peut-être en ira-t-il de même pour un Emmanuel Macron qui a déjà connu bien des métamorphoses, au fil des circonstances exceptionnelles que l'actualité lui a imposées, depuis son audacieuse candidature à la présidence de la République.

Encore faut-il que le président formule un projet clair pour la France dans la grande mutation en cours. Curieusement, il a laissé passer une occasion importante pour le faire, avec la campagne électorale de la présidentielle, en donnant le sentiment de proposer un programme « service minimum », avec un peu de tout sur tous les sujets, sans autre relief que la fameuse réforme des retraites, toujours évoquée et toujours repoussée. C'est probablement là l'explication de son échec aux législatives.

Il n'est pas trop tard. La succession d'événements exceptionnels, géopolitiques et climatiques, renouvelle fortement la demande d'une telle vision de long terme. Il serait d'autant plus fondé à y répondre qu'il ne s'agit pas seulement de sang et de larmes. Le nouveau régime de croissance qui se profile peut nous être favorable.

Reste évidemment la question du calendrier : quand arriverons-nous à ce nouveau régime de croissance plus équilibré ? Quand cette accumulation de catastrophes va-t-elle cesser ?

La mauvaise nouvelle, c'est que si l'on se fie à l'histoire, la transition dure en moyenne une génération, c'est-à-dire une vingtaine d'années. Car ces moments charnière sont longs, ponctués de crises, de soulèvements et de conflits. Pas plus que les individus, les sociétés ne changent sous l'effet de la bonne volonté ; elles ne le font qu'avec l'expérience de l'échec et de la souffrance. Il leur faut du temps pour renouveler leurs élites et leurs idées. Les élites sont d'ailleurs les plus lentes à changer, parce que ce sont elles qui ont le plus à perdre.

La bonne nouvelle, c'est que nous en avons fait la plus grosse partie, puisque notre transition a commencé avec la crise financière, il y a une quinzaine d'années. À l'automne 2022, l'horizon est sombre, mais l'on distingue aussi ce que les Anglais appellent le *silver lining*, ce liseré d'argent festonnant les nuages noirs, qui révèle l'éclaircie à venir.

1.

Un monde sans maître

McDonald's, le géant du *fast-food* américain, avait à peine quitté la Russie après l'invasion de l'Ukraine que son partenaire local reprenait l'affaire pour trois roubles six kopecks. Un entrepreneur sibérien, désormais à la tête des huit cent cinquante restaurants russes sur lesquels ont été effacées les arches dorées, emblèmes des fameux Big Macs marquant naguère les verres de Coca-Cola et les papiers gras. *Vkusno i tochka*, c'est le nouveau nom de l'enseigne, a inauguré ses quinze premiers établissements le 12 juin dernier à Moscou.

L'Américain avait planté son premier fanion dans la capitale russe en 1990. Une révolution rouge et or, alors que le Mur de Berlin était tombé peu avant et que l'URSS de Gorbatchev agonisait. Elle allait s'effondrer en 1991, peu après la sécession de l'Ukraine, sanctionnée par un référendum où le peuple avait voté massivement pour l'indépendance. Prise en sandwich entre ces événements historiques, l'installation de McDo en URSS était un acte géopolitique majeur. Elle signait le renoncement des dirigeants communistes à leur économie Potemkine ; c'était un hommage à l'Amérique à travers l'un de ses symboles, qui n'était trivial qu'en apparence. Plus qu'un hommage, la reconnaissance de ses valeurs : celles de la société de consommation. Du capitalisme. De la démocratie.

Reconnaissance d'autant plus éclatante que trente mille Moscovites s'étaient pressés dès l'ouverture du *fast-food*, certains patientant depuis quatre heures du matin sur la place Pouchkine, dans l'espoir de goûter à ces délices longtemps défendus. Restaurant impeccable, nourriture acceptable, service agréable, un véritable empyrée pour les Soviétiques, qui étaient certes habitués à faire la queue, mais habituellement pour ne trouver que de vieilles raves sur les étals, et se faire houspiller par des employés acariâtres et faméliques.

1990 et 2022, de l'arrivée de McDo en URSS jusqu'à sa retraite de Russie : les deux dates marquent les deux bornes de la mondialisation moderne. Trente-deux ans de liberté pour les grandes entreprises et pour le capital, qui franchissaient des frontières de plus en plus diaphanes au point qu'on les avait oubliées. Trente-deux années durant lesquelles le rapport de force entre les entreprises et les États s'était inversé au point qu'un Apple ou un Google affichaient une valorisation boursière supérieure au PIB de la plupart des États de la planète. Trente-deux années durant lesquelles l'Amérique a dominé la mondialisation avec ses règles, sa monnaie, sa flotte militaire. Le risque géopolitique avait disparu avec la chute du Mur, les méchants se repliant devant ce qu'Hubert Védrine appelait « l'hyperpuissance américaine ».

C'est fini.

Le retour du risque va désormais s'imposer aux entreprises, et avec lui les frontières, sinon des États, du moins de groupes d'États unis par l'histoire ou la géographie. Après le temps d'une Terre « plate », pour reprendre le titre d'un essai qui a rencontré un certain succès à l'heure des illusions de la mondialisation[1], voici celui d'un monde cabossé, d'une planète hérissée d'entraves destinées à freiner la circulation des hommes, d'octrois et de sanctions pour interdire celle des marchandises. La vie et la stratégie des entreprises vont s'en trouver profondément changées.

Déclin américain, déclin de l'Occident

Pour comprendre ce mouvement, il faut d'abord pointer la cause véritable de l'invasion de l'Ukraine par la Russie. On l'attribue habituellement à Vladimir Poutine. À sa folie. À son ressentiment contre le rétrécissement de la Russie, par rapport aux frontières de l'URSS. Et à son désir de stopper l'expansion géographique de l'OTAN, qui s'est élargie à plusieurs reprises à l'Est de l'Europe, depuis la chute du Mur, au point de menacer les intérêts stratégiques du vaste pays. Il ne s'agit pourtant que des motivations, anciennes, du président de la Russie. La cause véritable, c'est la rencontre de ces motivations avec une opportunité. Et cette dernière réside dans l'affaiblissement du *leadership* américain. Cette guerre eût été impensable à l'ère de l'hyperpuissance des États-Unis. Et peut-être pas même sous la présidence de Donald Trump, assez fou, même aux yeux d'un autre fou, pour déclencher des rétorsions meurtrières. Poutine a profité de l'éclipse du maître du monde.

La présidence Biden est en effet fragile, parce que l'Amérique est plus divisée que jamais, en proie à la bataille que mènent les conservateurs, rageurs d'avoir perdu l'élection de si peu, contre les libéraux, qui redoutent d'être battus lors des prochaines consultations populaires. Au plan intérieur, l'incroyable décision de la Cour suprême, le 25 juin dernier, remettant en cause le droit à l'avortement, témoigne d'une régression idéologique qui fait écho à l'assaut du Capitole, en janvier 2021, par les partisans de Trump, incapables de se plier aux règles fondamentales de la démocratie. Tout cela signe un pays qui piétine ses propres valeurs. Au plan extérieur, le retrait d'Afghanistan en 2021, calamiteux dans son exécution, a aussi donné le sentiment d'une puissance sur le déclin, désireuse d'éviter les conflits, et pas même capable d'effectuer convenablement le rapatriement de ses troupes. Joe Biden lui-même, juste avant l'invasion russe, n'a-t-il pas dit publiquement que, bien sûr, l'Amérique n'irait pas combattre pour défendre l'Ukraine, donnant ainsi une assurance supplémentaire et bien inutile à Poutine ?

La réaction de l'ONU à l'invasion russe donne la mesure du déclin de l'influence américaine et, au-delà, de celle de l'Occident. Certes, sur les cent quatre-vingt-treize pays appelés à voter lors de l'assemblée générale du 2 mars 2022, seuls quatre ont soutenu la Russie : l'Érythrée, la Biélorussie, la Corée du Nord et la Syrie. Mais trente-cinq se sont abstenus. Trente-cinq parmi lesquels la Chine et l'Inde, un pays ami de la France comme le Sénégal : plus de la moitié de l'humanité a considéré que cette guerre n'était pas la sienne. Quelle différence avec les votes poussant à l'intervention en Afghanistan en 2001 !

Autre signe de la rébellion contre un ordre géopolitique favorable aux intérêts américains, la déclaration commune sur « la nouvelle ère des relations internationales », publiée par Moscou et Pékin en février 2022, juste avant l'invasion de l'Ukraine, à l'occasion de la visite de Poutine dans la métropole chinoise. « Une tendance à la redistribution du pouvoir se dessine », explique ce long texte, où les deux pays signataires critiquent l'Occident et son chef de file, en particulier pour leurs interventions au titre des droits de l'homme. De nombreux passages sont consacrés à la démocratie – les deux capitales expliquent sans vergogne qu'elles ont hérité en la matière d'une longue tradition – et à la nécessité d'adapter ce régime aux spécificités culturelles et économique des différents pays… Surtout, la déclaration légitime et les revendications de Poutine en Europe, face à l'OTAN, et celles de la Chine en Asie, à propos de Taïwan. Chine et Russie, chacune sur leur continent, ont le même désir de renverser le maître qui les gêne : les États-Unis. D'où les protestations d'« amitié éternelle », « solide comme un roc », entre les deux leaders et leurs dictatures. D'où le soutien, fût-il mesuré, de Pékin à Moscou dans son opération à l'encontre de l'Ukraine.

Poussée chinoise

Comment l'hyperpuissance américaine a-t-elle pu perdre son prestige au point de ne plus inspirer la crainte, alors qu'elle a régné sans partage si longtemps ? En temps de paix pas plus qu'en temps de guerre, les rapports de force ne sont stables, souligne l'historien des empires Paul Kennedy[2] : « la puissance relative des pays dominants dans les affaires mondiales ne reste jamais constante, principalement à cause des différences de croissance et des ruptures technologiques qui confèrent un avantage à telle ou telle société ». Aux différences sur le plan de la croissance, il faut ajouter évidemment la donnée démographique, l'un de ses éléments principaux. De la richesse économique, déterminée notamment par la démographie, découle la puissance militaire.

Si l'Amérique a perdu de son lustre, c'est bien sûr à cause de l'extraordinaire montée en puissance de la Chine entre les deux bornes que nous avons tracées plus haut, 1990 et 2022 – en réalité, l'ascension chinoise a commencé un peu auparavant, avec les réformes lancées par Deng Xiaoping, la politique « de la porte ouverte », initiée par le fameux discours de mai 1978. À l'époque, selon les calculs de l'économiste Angus Maddison, l'Empire du Milieu ne compte que pour 5,1 % du PIB mondial, alors que l'Amérique représente un poids relatif plus de quatre fois supérieur. En 2008, la Chine est montée à 17,4 %, quasiment à égalité avec les États-Unis. Elle a bien sûr largement dépassé son rival depuis, si l'on s'en tient à l'évaluation de la richesse selon la méthode des parités de pouvoir d'achat qu'avait utilisée l'économiste suédois. Quant à la démographie, la Chine a gagné quatre cent cinquante millions d'habitants entre 1978 et 2020, soit plus que le nombre d'habitants des États-Unis en 2020. Un essor démographique et économique qui a été le socle de la formidable progression des dépenses militaires, en hausse continue depuis trente ans.

Si la cause première de la guerre d'Ukraine réside dans l'affaiblissement des États-Unis, la cause de la cause nous conduit en Chine et à son formidable envol à la fin du XXe siècle – le plus grand rattrapage économique de tous les temps. Au plan géopolitique, le fait majeur de notre époque n'est pas la folie de Poutine et son désir de reconstituer l'URSS, mais bien la rivalité stratégique entre la Chine et les États-Unis.

Rivalité qui a pris son tour véritable récemment, après l'élection de Donald Trump, en 2016. Elle n'était que voilée du temps d'Obama, quoique le président américain, durant son second mandat, après l'échec de sa tentative de constituer un « G2 » avec Pékin, ait fini par déployer une stratégie de contention de la Chine avec sa politique du « pivot » asiatique. Jusqu'à Obama et depuis le voyage à Pékin de Richard Nixon, en 1972, les deux géants étaient alliés. Alliés au point que certains experts avaient fabriqué dans les années 1990 un néologisme pour désigner l'ensemble transpacifique, la « Chinamérique ». L'un et l'autre semblaient alors attachés à la coexistence paisible et à la responsabilité partagée des affaires du monde.

Si la guerre d'Ukraine est le double inversé de la chute du Mur, la nouvelle guerre froide entre Pékin et Washington est, elle, le jumeau antagoniste de la géniale politique de Nixon et de son secrétaire d'État, Henry Kissinger. Ces deux-là, en rapprochant la Chine de l'Amérique, avaient réussi à couper en deux le monde communiste, isolant l'URSS, préparant ainsi la chute du Mur. Ils avaient aussi construit le socle géopolitique de la mondialisation moderne, qui allait naître quelques années plus tard, en permettant l'essor du commerce de l'Occident avec la Chine. À l'origine du grand cycle libéral planétaire qui se termine aujourd'hui se trouvent donc les conversations secrètes entre Kissinger et Chou Enlai, le lieutenant de Mao Zedong, qui allaient déboucher sur la reconnaissance diplomatique de la Chine par Washington, en 1979. Et, quelques décennies plus tard, sur la noria de gigantesques porte-conteneurs entre Los Angeles et Shanghai.

Transitions impériales

Qu'est-ce qui a bien pu faire dérailler ce binôme, pourtant fait, en apparence, de deux pays complémentaires ? Deux pays d'autant mieux disposés l'un envers l'autre qu'ils étaient pris dans une relation d'interdépendances multiples, au plan commercial, financier, politique. Là encore, il faut distinguer la cause apparente, les foucades de Trump, des causes profondes. La distinction est d'autant plus souhaitable que, on l'a vu, Obama avait lui-même changé le cours de sa politique internationale pour contrer la Chine dans le Pacifique, et que le successeur de Trump, Joe Biden, a poursuivi quasiment sans nuances la politique de l'administration qui l'a précédé. Au point que si les deux puissances continuent à commercer de façon intensive, elles sont néanmoins en train de se désincarcérer, en particulier dans le domaine des technologies, à cause des interdictions américaines qui frappent désormais les géants chinois comme Huawei. Et tout autant en matière de finance, les stars chinoises de la cote quittant peu à peu Wall Street pour la bourse chinoise. Pour ne rien dire de la politique internationale, où l'on a vu la Chine prendre fait et cause pour la Russie, même si Pékin prend un soin manifeste à ne pas contrarier Washington quant à l'exécution des sanctions économiques à l'encontre de l'envahisseur.

Si l'on s'en remet à Kishore Mabubhani, l'une des voix alternatives de la géopolitique, c'est à une erreur d'analyse de l'Amérique qu'il faut attribuer cette nouvelle guerre froide. La Chine n'étant animée que d'intentions pacifiques, c'est la paranoïa américaine, exacerbée par Trump, qui a dramatisé le conflit commercial, sans résultat tangibles du reste puisque le déficit des échanges ne s'est pas du tout résorbé, malgré les barrières tarifaires frappant les exportations chinoises sur le sol américain[3]. À l'inverse, Robert Kagan, l'un des théoriciens néoconservateurs proches de George W. Bush, voit dans la montée des tensions la conséquence de l'agressivité croissante de la Chine, plus confiante dans ses forces, moins tolérante vis-à-vis des contrariétés, plus ouvertement méfiante à l'égard du complot occidental qui l'empêcherait d'accéder à la première place mondiale[4]. Une Chine semblable à l'Allemagne de Guillaume II, revendiquant pour son empire une « place au soleil ».

L'histoire réconcilie Mabubhani et Kagan. Plusieurs maîtres du monde se sont succédé durant les derniers siècles : l'Espagne et le Portugal, les Pays-Bas, la France, le Royaume-Uni et enfin les États-Unis. La plupart du temps, la transition d'un maître à l'autre s'accompagne de crise de paranoïa et dans le pays déclinant, et dans le pays montant. L'un redoute à raison que l'on n'en veuille à ses privilèges, l'autre craint, avec tout autant de lucidité, que les tenants de l'ordre ancien ne lui laissent pas la liberté de protéger ses intérêts. En général, la lutte commence dans le champ économique et politique, et peut se transformer en guerre militaire bien réelle, comme celle que les Anglais ont conduite pour finalement vaincre la France de Napoléon, en 1815, ouvrant ainsi la voie à un siècle de domination britannique. La transition suivante, en revanche, s'est produite cent ans plus tard sans qu'un coup de canon ne soit échangé entre le maître du passé, le Royaume-Uni, et celui de l'avenir, les États-Unis.

Reprenons la succession de l'histoire. Un siècle ou presque de domination française, ponctué par vingt ans de révolutions et de guerre jusqu'au congrès de Vienne, en 1815. Puis un siècle ou presque de domination britannique, ponctué lui aussi par la première guerre mondiale, qui a vu l'émergence de la puissance militaire américaine. Enfin un siècle sous la tutelle américaine, qui se termine sous nos yeux, au profit de la Chine et de ses satellites…

La guerre d'Ukraine constituerait alors l'un des chapitres de la transition, les deux monstres s'affrontant par pays interposés. La fameuse « désoccidentalisation du monde » dont s'alarment nombre de commentateurs serait alors l'une des manifestations lancinantes de la perte d'influence américaine et de la montée en puissance chinoise. Tout comme le déclin du nombre de démocraties sur la planète, pointé par Edward Luce : « depuis le début du millénaire, et tout particulièrement pendant la dernière décennie, il n'y a pas moins de vingt-cinq démocraties qui ont disparu, dont trois en Europe (la Russie, la Turquie et la Hongrie) »[5]. De quoi malmener la célèbre théorie de Francis Fukuyama, qui développait la thèse d'une histoire humaine linéaire, marchant vers le Bien et culminant avec la démocratie et l'économie de marché, la chute du Mur en étant l'épiphanie. Après tout, la floraison de démocraties de l'époque n'était peut-être que la conséquence temporaire de la victoire occidentale, et plus encore américaine, sur les autres cultures. La victoire s'éclipsant, la démocratie recule, et avec elle l'économie de marché et le libéralisme, au profit de l'autoritarisme pratiqué par Pékin et ses émules. Le cycle idéologique et ses alternances ne seraient que les manifestations d'un rapport de force fragile, que nous, Occidentaux, avons surinterprété. Encore et toujours notre nombrilisme.

Patron de la mondialisation

La question de la succession des empires dominants n'est pas seulement un débat d'historiens. Elle est d'une importance capitale pour le monde du business. Parce que le maître du monde est toujours la clé de voûte de la mondialisation économique. Sans puissance dominant la planète, les échanges commerciaux se replient à l'intérieur de zones régionales ou nationales, plus ou moins bien organisées, car il y a trop de risques à en sortir. À l'inverse, le « patron » sécurise les transports et les transactions, il émet une monnaie mondiale acceptée aux quatre coins de la planète, il impose un langage juridique commun qui sert de base aux contrats. La devise universelle est aujourd'hui le dollar, qui a remplacé la livre sterling, elle-même s'étant substituée au franc. L'Amérique n'a-t-elle pas mobilisé des ressources considérables pour assurer la sécurité du Moyen-Orient et du détroit d'Ormuz, afin de permettre l'acheminent du pétrole, et fait de même en Asie-Pacifique, avec les patrouilles de la 7e flotte ? N'a-t-elle pas imposé au monde son système juridique, au point de le lier à l'utilisation du dollar, et de frapper les contrevenants de sanctions extraterritoriales ? N'a-t-elle pas capté, avec Wall Street et ses valeurs technologiques comme Apple ou Tesla, les liquidités financières mondiales pour édifier une pyramide de milliards et de dettes sans équivalent ? Il faudrait ajouter que la puissance dominante propose – ou impose – au monde tout un ensemble de valeurs, politiques, morales, touchant à la consommation, à l'aménagement des foyers, à l'alimentation, à l'organisation des entreprises, à la politique économique. Valeurs qui influencent les modes de vie partout sur la planète, et aimantent les émigrés de tous les pays. C'est un *package* complet qui est ainsi exporté, tantôt par les voies de la contrainte militaire ou financière, tantôt par celles de la diplomatie et de la séduction, ou encore par le relais d'institutions multilatérales comme le Fonds monétaire international, comme par hasard installé à Washington. De ce point de vue, Google et McDonald's sont des attributs importants de la puissance, car ils contribuent à diffuser l'image et les modes de vie d'une Amérique qui se pense comme un modèle pour le monde.

La concomitance de l'âge d'or de la mondialisation moderne, 1990-2022, avec le zénith de la puissance américaine n'a donc rien d'hasardeux. Et le déclin parallèle des deux phénomènes ne l'est pas davantage.

Jamais l'entrelacs de la mondialisation économique et de la puissance d'un pays n'a été mieux illustré que par l'empire britannique, au XIXe siècle. D'abord parce que c'est en Angleterre qu'est née la révolution industrielle, sinon le capitalisme moderne. Et que celle-ci s'est investie non seulement dans les machines pour produire, le textile et l'acier au premier chef, mais aussi dans les moyens de transport intercontinentaux, avec les applications de la machine à vapeur sur la terre, le train, et sur la mer, avec les navires, qui ont agrandi le monde. Machines à vapeur dont les Britanniques avaient le monopole quasi exclusif.

De 1801 à 1911, la population britannique hors empire est multipliée par quatre, atteignant quarante-deux millions d'âmes. Mais le PIB du pays progresse, lui, d'un facteur quatorze sur le même siècle. Durant le seul règne de Victoria, le PIB par tête est multiplié par deux et demi. En 1860, le Royaume-Uni fabrique en gros la moitié de la production mondiale de fer et de charbon, et consomme la moitié du coton produit sur la planète. Au point qu'au tournant du siècle, en 1900, la France ne compte que pour 39 % de la puissance industrielle britannique, l'Allemagne pour 52 % et les États-Unis pour seulement 69 %, malgré leur accélération phénoménale, comparable à celle de la Chine d'aujourd'hui.

Comment les Anglais ont-ils réussi un tel tour de force, soumettant la planète pour alimenter un système de production de richesses international qui tournait largement à leur profit ? Il faut revenir ici à Paul Kennedy. Premier de leurs avantages, nous dit l'historien, une flotte militaire et commerciale sans équivalent, propulsée par l'innovation technologique de l'époque, le moteur à vapeur. Elle sert à la fois à sécuriser les mers, à s'alimenter en matières premières et à exporter les produits finis. En termes de puissance de feu, la marine britannique pesait autant que les quatre suivantes dans le classement mondial. Deuxième atout, les colonies, qui ont permis une prédation sans égale dans l'histoire, et l'ouverture de marchés captifs – l'empire britannique est le plus grand jamais édifié par l'homme. Entre 1815 et 1865, le point haut de la domination britannique, l'empire de Sa Majesté s'est étendu de cent mille miles carrés par an en moyenne ! Dernière force, qui subsiste encore aujourd'hui, l'expertise en matière commerciale et surtout financière, avec le développement de banques mondiales, une toile d'araignée dont le centre était évidemment la place de Londres. L'influence financière britannique a été diffusée grâce à un système international de change fixe, l'étalon-or, autoroute de la mondialisation financière, qui organisait la hiérarchie des devises à partir de la livre sterling, et ne cèdera qu'avec la première guerre mondiale.

Ce tableau, patiemment construit par quatre générations successives de Britanniques, produira la mondialisation la plus avancée que le monde a connue, dans les dernières décennies du XIXe siècle et jusqu'à 1914. Elle a d'ailleurs diffusé ses bénéfices jusqu'en France, sous le Second Empire, déclenchant une phase de libéralisation et de modernisation de l'économie tricolore qui n'aura pas d'égale avant un siècle.

Comme toujours, le succès a fini par être malmené. Sous une double pression. Celle de la puissance montante, tout d'abord, l'Allemagne de Guillaume II, qui défie l'Angleterre avec sa propre flotte et sa puissance industrielle, ce qui modifie l'échelle de la richesse relative au profit des Teutons. Et celle de la « surexposition impériale ». Tout empire, au zénith de sa puissance, a tendance à ferrailler aux quatre coins du monde pour maintenir l'ordre existant et avec lui ses privilèges. C'est la dialectique de Hegel, interprétée par le plus fameux de ses exégètes, Alexandre Kojève : le maître risque sa vie pour préserver son rang, c'est cela même qui le fait différent de l'esclave qui, lui, préfère sa vie au prestige. Et cette propension à la surexposition l'affaiblit : « si un État se déporte pour la conquête de territoire ou la poursuite de guerres coûteuses, il prend le risque de voir les bénéfices potentiels de l'expansion surpassés par le coût de l'opération », explique Paul Kennedy – un dilemme qui devient aigu si le pays concerné est entré dans une période de déclin économique relatif. C'est exactement ce qui est arrivé au Royaume-Uni, en permanence engagé dans des guerres régionales entre 1850 et 1914, contre les Sikhs, contre les Birmans, à plusieurs reprises contre les Afghans, en Chine, à Zanzibar, chez les Zoulous, en Afrique du Sud, en Crimée.

De Washington à Pékin ?

La comparaison est évidemment frappante avec la période actuelle. Les États-Unis sont aujourd'hui victimes de la surexposition impériale. Par exemple avec la guerre d'Irak et le pitoyable retrait d'Afghanistan. L'isolationnisme prôné de façon provocatrice par Donald Trump et tout autant pratiqué par son successeur marque le refus de surcoûts financiers, humains et politiques que l'Amérique des années 1960 ignorait délibérément lorsqu'elle était engagée au Vietnam. Quand le maître refuse de se battre, comme l'a avoué benoîtement Joe Biden, il perd son rang, il devient l'esclave de l'esclave. Et c'est l'esclave qui devient le maître du maître.

L'esclave appelé à dominer serait-il la Chine ? On peut le penser, à suivre l'actualité économique, militaire et diplomatique, où il n'est pas un jour sans que les deux géants ne s'affrontent comme deux cerfs dont les bois s'entrechoquent. La Chine qui s'arme, qui multiplie les provocations dans les mers alentours, recouvrant de béton le moindre caillou émergé dans ses eaux pour y construire une piste d'atterrissage pour ses chasseurs ou un port pour ses navires de guerre. La Chine dont les avions militaires pénètrent désormais fréquemment la zone aérienne de Taiwan, sous protection américaine, qui s'associe aux brigands russes pour contrer le *leadership* de l'Oncle Sam. La Chine, enfin, qui affirme sans faux-semblant qu'elle veut redevenir le pays le plus puissant de la planète d'ici à 2049, date du centenaire de la révolution communiste de Mao Zedong.

Kennedy nous enseigne que pas une période de l'histoire, fût-elle en apparence paisible, n'est exempte de changements incessants dans la puissance relative des uns par rapport aux autres. Rien de plus instable que le rapport de force, sous l'effet des différences de croissance et des ruptures technologiques, celles-ci nourrissant la force militaire. Les « Quarante Glorieuses » chinoises, paisibles en apparence, ont à l'évidence transformé la Chine et nourri son nationalisme. Nous serions alors au beau milieu de la transition qui se produit une fois par siècle. Transition décrite par Graham Allison sous la forme du « piège de Thucydide », conduisant à la guerre probable entre la puissance déclinante et son *challenger*, comme entre Athènes et Sparte jadis. À la victoire de la puissance montante, les institutions internationales seraient bouleversées, tout comme les routes du commerce et les circuits financiers de la mondialisation, de nouvelles valeurs – sur le libre-échange, la place de l'État dans l'économie – venant remplacer les anciennes. Le FMI s'installerait à Pékin, le dollar serait détrôné par le yuan.

Ce scénario est plausible. C'est une hypothèse qui a le mérite d'être étayée de façon rétrospective en quelque sorte, par la succession des rivalités qui s'est produite dans l'histoire, où l'on retrouve toujours les mêmes caractéristiques, dont les similitudes avec la situation actuelle sont manifestes.

Le scénario a pourtant aussi des fragilités. La première, la plus importante, est une autre leçon de l'histoire. La Chine n'a jamais eu le désir de conquérir ne serait-ce que les terres voisines de ses frontières. Non qu'elle n'ait pas de volonté de puissance, mais celle-ci ne s'exprime pas par la prédation à la façon des Conquistadors ou des expéditions coloniales de l'Europe. Les seules guerres qu'elle a livrées étaient destinées à la protéger des envahisseurs, les Mongols de Gengis Khan en particulier. Il y a une exception dans la période récente, c'est la « leçon » qu'a voulu donner Pékin à son voisin vietnamien, en 1979, après l'invasion du Cambodge par

Hanoi. Mais il ne s'agissait en rien de conquérir ce que les Chinois considèrent, avec pas mal de mépris, comme un royaume tributaire de l'Empire du Milieu. L'affaire a du reste très mal tourné pour l'Armée populaire de libération, désorganisée au point de ne pas avoir emporté les bonnes cartouches pour ses armes. Elle a raté son expédition punitive et s'en est retournée penaude chez elle, humiliée par des soldats qui avaient déjà vaincu les Français et les Américains en une seule génération.

Il y a en réalité un profond désintérêt des Chinois pour l'Occident, teinté de condescendance pour notre caractère primitif, pour la brièveté de notre histoire, à l'aune des millénaires asiatiques. Une anecdote historique en témoigne, celle des aventures de l'amiral Zheng He, au XVe siècle – hier, dans l'histoire chinoise. Ce navigateur prit le commandement de la puissante flotte impériale, et réalisa au moins sept voyages au long cours, qui l'amenèrent sans doute à découvrir l'Australie, l'Afrique, une grande partie de l'océan Indien, et peut-être même l'Amérique, avant Christophe Colomb. Le contraste avec nos Conquistadors, presque contemporains, est frappant. Non seulement les expéditions chinoises n'ont jamais colonisé quiconque, mais elles étaient au contraire destinées à témoigner de l'avance technologique et intellectuelle de leur civilisation auprès des barbares. Selon certains récits, Zhen He aurait rapporté en Chine des objets issus des pays qu'il avait découverts, mais n'aurait suscité qu'un intérêt très médiocre de la part de la cour des Ming. À quoi bon prendre des risques sur les mers si le fruit en est si pauvre ? lui aurait-on dit. Peu après, l'Empereur a fait détruire les bateaux, et interdire la construction de nouveaux vaisseaux. Soit pour des raisons budgétaires, soit pour des raisons écologiques – liées à la pénurie de bois –, soit encore parce que le pouvoir de la flotte militaire était devenu tel qu'il suscitait jalousies et inquiétudes. Du coup, le régime a relancé la construction de la Grande Muraille, ce gigantesque ouvrage qui protégeait la Chine des envahisseurs du Nord…

Quand la Chine se refermera

Ajoutons à ces considérations culturelles la tendance de l'économie, non pas déclinante, mais avec un taux de croissance qui décline.

Le PIB chinois progresse aujourd'hui d'environ 5 % par an ; c'est deux fois moins qu'au début des années 2000, et trois fois moins qu'à la fin du siècle dernier. Il reproduit la trajectoire du rattrapage du Japon et de ceux qu'on appelait naguère les « dragons » du Sud-Est asiatique, la Corée du Sud notamment, qui ont tous ralenti. Le rythme de l'inflexion dans le rapport de forces avec l'Amérique change donc, lui aussi. Même si, entretemps, la Chine a fait un saut technologique considérable, avec notamment ses propres GAFA, les Alibaba et autres Tencent. Le krach immobilier qui se déroule en ce moment dans le pays freine considérablement l'économie, tout comme l'incroyable boom des trente dernières années l'avait chauffée à blanc. Et la simultanéité du ralentissement et de l'explosion de la plus grosse bulle spéculative de tous les temps fait craindre aujourd'hui une crise bancaire et financière en Chine, sur le modèle de ce qui s'est produit au Japon à partir de 1990, mais à une échelle bien plus vaste. Un pays pris dans une telle équation économique peut-il combattre pour son statut mondial ? On peut en douter.

La démographie joue également dans le sens de l'apaisement des tensions. Selon une étude récente de la revue britannique *The Lancet*, la population du pays pourrait être divisée par deux d'ici à la fin du siècle, s'effondrant à sept cent trente millions d'individus. En cause, la forte chute de la natalité. Dix millions six cent mille enfants seulement seraient nés en 2020, le chiffre le plus faible connu depuis 1949, et cela malgré les injonctions gouvernementales, qui autorisent désormais les couples à avoir trois enfants. La cherté de la vie, le coût élevé des études, la difficulté qu'il y a pour les femmes à concilier la carrière avec la maternité, tout cela concourt à éloigner les Chinois du projet familial. Sans oublier les conséquences lointaines et désastreuses de la politique de l'enfant unique, pratiquée pendant trente-cinq ans et jusqu'en 2015. N'ayant droit qu'à un enfant, bon nombre de couples pratiquaient un avortement si l'échographie prédisait la naissance d'une fille, afin d'avoir l'héritier mâle, essentiel dans la culture chinoise traditionnelle. Conséquence, les femmes en âge de procréer sont aujourd'hui 8 % moins nombreuses que les hommes du même âge.

Ce krach démographique se manifeste par un vieillissement rapide, sur une base très large, dans le pays le plus peuplé du monde. Le nombre de Chinois en âge de travailler baisse désormais rapidement, les démographes chinois estimant qu'il pourrait être réduit de moitié d'ici à 2050. De façon symétrique, les contingents de retraités ne cessent de grossir. Le financement du troisième et quatrième âge pour ces énormes cohortes va mobiliser des ressources croissantes. Une fragilité par rapport aux décennies précédentes. Et, pour l'heure, le pays n'attire pas une immigration massive. Tout juste des villes comme Guandong voient-elles se développer en leur sein des communautés africaines importantes, qui suscitent par intermittence des réactions chinoises racistes.

Enfin, on peut s'interroger sur l'évolution politique du pays, et sur l'avenir de son ouverture au monde. Le maître actuel, Xi Jinping, a durci le régime sur le plan idéologique, revenant même aux fondements du maoïsme avec un culte de la personnalité qui avait disparu. Il a entrepris une sévère purge des oligarques chinois, ces multimilliardaires de la technologie et de l'immobilier, qui en prenaient un peu trop à leur aise. La chute de Jack Ma, le fondateur de l'Amazon chinois, Alibaba, en est l'exemple le plus frappant. Après avoir osé des déclarations jugées insultantes pour les régulateurs financiers locaux, le milliardaire a tout bonnement disparu de la circulation pendant le plusieurs semaines, et son empire a été découpé.

Xi Jinping a également mis au pas Hong Kong, la presqu'île méridionale du pays, qui vivait sous un statut spécial depuis sa rétrocession à la Chine par le Royaume-Uni, en juillet 1997. Les fragiles institutions mises en place alors pour garantir un ersatz de démocratie ont été bafouées. La promulgation d'une loi dite « de sécurité », qui attribue tout pouvoir à Pékin, a fait fuir jusqu'à d'éminents juristes britanniques, comme le président du barreau de Hong Kong. La « *rule of law* », l'État de droit, l'actif principal du territoire, qui avait permis un incroyable essor du business et faisait de Hong Kong un sas entre la Chine et l'Occident, n'existe plus.

La politique de lutte contre l'épidémie, dite « zéro Covid », n'a fait qu'empirer les choses. Le pays a suspendu tous les visas de tourisme depuis le 23 mars 2020. Quant aux voyages de business, ils sont *de facto* interdits par une quarantaine imposée d'une durée de sept à vingt et un jours, dans des conditions extrêmement strictes, à la charge financière du voyageur. Même les expatriés occidentaux, s'ils passent leurs vacances hors de Chine, se voient imposer ces contraintes, les familles étant séparées pour la quarantaine. Un dispositif draconien qui n'est pas près de voir sa fin, puisque le taux de vaccination des Chinois est faible, et que l'efficacité du vaccin produit sur place est médiocre. La quarantaine pourrait donc durer encore des années.

Conséquence, les multinationales, qui se ruaient en Chine et à Hong Kong depuis trente ans, émigrent à un rythme accéléré, pour des raisons à la fois sanitaires – liées à la brutalité des quarantaines – et politiques. En quelques années, la communauté française vivant en Chine a fondu de moitié. À l'instar de nombreux groupes occidentaux très actifs dans le pays, LVMH pilote désormais ses opérations depuis Singapour. L'ex-colonie britannique est la grande gagnante de ces mouvements, l'immobilier y explose à cause de l'afflux de cadres occidentaux qui se replient dans un endroit jugé plus sûr.

La Chine est donc en train de se refermer, rompant avec la politique de la porte ouverte initiée par Deng. La politique sanitaire récente, à laquelle on attribue souvent cette inflexion, n'est qu'une des manifestations de cette puissante régression, qui trouve son origine dans l'histoire du pays. Depuis toujours, la Chine alterne ouverture et fermeture, comme si l'influence étrangère et les contacts avec l'extérieur provoquaient immanquablement une rétraction dès lors qu'ils menacent de changer le pays et de fragiliser le pouvoir central. L'amiral Zhen He en avait déjà fait les frais dans les années 1400.

Après l'Ukraine, Taiwan

N'y a-t-il pas une contradiction entre la réclusion et la domination mondiale ? Comment un pays pourrait-il devenir maître du monde s'il reste dans ses frontières ? Ce nombrilisme chinois, cet attrait pour son propre intérieur hypothèque peut-être le succès du pays dans la course pour le toit du monde.

Que veut la Chine, au fond ? Mettre la main sur l'île de Taiwan, bien sûr, aujourd'hui république indépendante soutenue militairement par les États-Unis, afin de permettre la « réunification » que les communistes attendent depuis 1949. Obtenir le contrôle sans restriction des mers qui la bordent, pour se protéger et sécuriser l'acheminement des matières premières dont elle a besoin et, plus largement, régner en maître sur l'Indo-Pacifique. Défendre les importants intérêts miniers qu'elle a acquis, en Afrique particulièrement, là encore pour assurer le contrôle des ressources naturelles, une obsession de ce pays qui a connu des crises écologiques bien avant les autres, les pénuries de bois par exemple dans les siècles précédents, à cause de la surpopulation. L'alliance avec la Russie n'a pas d'autre objectif que de mettre la main sur le « coffre-fort » russe de matières premières, à prix discompté.

Certes, même avec ces objectifs limités, il y a déjà de quoi déclencher une guerre avec l'Amérique. Dans la mer de Chine, les algarades sont permanentes, et la présence de la Marine chinoise s'intensifie de façon inflexible. Une zone maritime concentre tous les dangers :

ce sont les eaux entre Taiwan et la côte du Fujian, au sud-est de la Chine. Si l'on s'en tient aux traités existants, il s'agit d'une zone internationale. Un qualificatif qui déclenche une colère noire à Pékin, pour qui le détroit de Taiwan est une mer intérieure chinoise.

L'île de Taiwan elle-même est bien sûr l'épicentre du conflit à venir. Car il y aura une guerre à Taiwan. Le contrôle de ce pays est un enjeu considérable et pour la Chine, et pour l'Amérique. Pour la Chine, c'est l'objectif ultime que de clore définitivement le « siècle de l'humiliation » en récupérant ce territoire quinze fois plus petit que la France et ses vingt-trois millions d'habitants. Envahie par les Japonais dans l'entre-deux-guerres, l'île de Formose a ensuite servi de refuge aux « renégats », les nationalistes de Chang Kaichek, contraints à l'exil par la victoire des communistes de Mao, en 1949. Ils y ont installé une dictature militaire, qui a longtemps nourri la fiction d'une « reconquête » future du continent, jusqu'à la reconnaissance du régime communiste par Washington, en 1979, qui signait la fin de leurs espoirs. Peu à peu, Taiwan s'est démocratisée, son niveau de vie s'est élevé. Elle est devenue une sorte de contre-modèle chinois, avec un statut diplomatique ambigu – seuls quatorze pays la reconnaissent au plan diplomatique – tout en conservant la protection militaire américaine.

Le niveau technologique de l'île, très élevé, a permis à Taiwan de devenir l'un des principaux centres de production de semi-conducteurs, en particulier avec l'entreprise TSMC, qui possède une expertise unique pour fabriquer les plus petits composants électroniques au monde. Raison de plus, économique et stratégique celle-là, pour la Chine de souhaiter la réunification. La Chine est aussi devenue l'un des producteurs mondiaux les plus importants de puces en silicium, mais elle ne maîtrise pas les technologies les plus sophistiquées, malgré les efforts qu'elle a développés en recrutant à grand frais des ingénieurs taiwanais.

Les Américains ne veulent pas concéder ce point capital à leurs rivaux. Pour eux, l'enjeu est aussi technologique : comment laisser barre à la Chine sur 48 % de la production mondiale des semi-conducteurs ? Ce serait accepter que les grands fabricants d'électronique occidentaux soient sous la coupe de la dictature chinoise. Avec le risque de subir une dépendance aussi dangereuse que celle imposée par Vladimir Poutine sur le gaz et le pétrole. Mais la question taiwanaise est surtout l'ultime combat face à Pékin. Éviter ce combat ou le perdre, c'est dire à Pékin que l'Amérique se retire définitivement des affaires du monde et admet la suprématie chinoise. Il faut ajouter qu'un traité d'assistance militaire lie Washington à Taiwan. Une Amérique non désireuse de protéger Taiwan, ou incapable de le faire, ne ferait plus peur à personne.

L'enjeu est donc crucial pour les deux belligérants. Et l'on voit mal comment un compromis pourrait se négocier, car il n'y a guère qu'une alternative : soit Taiwan devient la vingt-troisième province de la République populaire de Chine, soit elle est et reste une république indépendante. Le statut hybride de Hong Kong avait un temps donné l'espoir d'une « voie du milieu », celle d'une réunification paisible et progressive à mesure que la Chine se démocratiserait. Des billevesées, réduites à rien par la brutalité de la remise au pas de Hong Kong et la radicalisation de Xi Jinping. La Chine ne s'embarrasse donc plus de précautions, car elle a manifestement perdu tout espoir de récupérer Taiwan de façon pacifique.

Du coup, le ton monte. En juin dernier, à l'occasion d'une conférence internationale à Singapour, le ministre chinois de la défense, le général Wei Fengshe, a prévenu : toute tentative de Taiwan pour proclamer son indépendance et devenir un pays à part entière sera « écrasée ». Quelques jours auparavant, Joe Biden avait annoncé que les États-Unis interviendraient militairement en cas d'attaque chinoise sur l'île. Selon les experts américains, la Chine disposera bientôt de l'armement suffisant pour lancer une attaque massive d'ici à 2027, date du centenaire de l'Armée populaire de libération. Un danger d'autant plus élevé que Xi, qui se conçoit comme le sauveur de la Chine, devrait voir son mandat renouvelé à l'automne, probablement pour la dernière fois. Il peut être tenté d'achever la Réunification avant son départ. À Taiwan, la tension est plus élevée qu'elle ne l'a jamais été dans les dernières décennies, surtout depuis la visite officielle sur l'île de Nancy Pelosi, une parlementaire américaine, à l'été 2022. La présidente Tsai Ingwen a lancé toute une série d'actions pour renforcer les capacités de résistance du pays en cas d'attaque.

Vengeance de la politique

Tel est désormais notre monde, écartelé entre la puissance déclinante qui ne veut pas perdre et la puissance montante qui ne souhaite pas vraiment gagner.

Un monde sans maître, un monde sans ordre.

Un monde où l'Occident se trouve rétréci à ses dimensions géographiques et démographiques – modestes, à l'aune de la planète. À la veille de l'été 2022, comme pour marquer ce nouveau rapport de force, se réunissaient simultanément le sommet du G7, en Bavière, et celui des grands émergents, les BRICS, à Pékin. Deux sommets pour deux mondes qui s'opposent. Naguère directoire mondial, le G7 n'est plus que le club des Occidentaux. Rétrécies avec l'Occident, son influence et les valeurs qu'il promeut, la démocratie et le libéralisme, devenue des variantes contingentes et datées de l'organisation des hommes. Rétrécie encore, la mondialisation économique, financière et culturelle, au profit d'une partition de la planète en grandes zones d'influence. Chacune des zones étant un protectorat avec une puissance dominante entourée de sa banlieue stratégique et économique, en conflit plus ou moins ouvert avec les autres parties du monde.

Ce nouveau monde est déjà là. Comme toujours, il est apparu sous des habits trompeurs, la pandémie, l'invasion de l'Ukraine, qui nous ont donné le sentiment de bouleverser la vie des affaires seulement de façon temporaire. Il n'en est rien. Ces événements étaient au contraire des révélateurs, qui ont permis le dévoilement de tendances profondes.

La première est la réapparition du risque géopolitique dans la vie des affaires. Il a fait irruption au printemps 2022, au moment du déclenchement de l'« opération spéciale » russe en Ukraine. Du jour au lendemain, les Occidentaux présents en Russie ont dû abandonner leurs affaires là-bas, fussent-elles florissantes comme celles de Renault : la moitié des profits du constructeur en 2021 provenaient de Russie. Il a fallu vendre ses usines à la hâte, pour un rouble symbolique, et encaisser plus de deux milliards de pertes. La plupart des grands pétroliers occidentaux ont fait de même. TotalEnergies, le géant français, s'est vu contraint d'abandonner l'investissement dans des projets prometteurs, négociés de très longue date. Auchan été contraint d'oublier ses plans tout frais pour faire fabriquer en Russie les vêtements vendus dans ses hypermarchés européens. Et que dire du marché européen de l'électricité et du gaz, profondément déstabilisé par la crise ukrainienne ?

La logique politique, après avoir été soumise à celle des affaires depuis trente ans, s'est vengée, en s'imposant pour interrompre les relations avec la Russie. Une inversion complète et brutale, qui a pris les entreprises par surprise, et leur a coûté fort cher. La leçon a porté. Nombre d'entre elles commencent à s'inquiéter sérieusement du risque chinois : et si Taiwan était l'Ukraine de la Chine, provoquant un jour ou l'autre une crise militaire avec l'Occident ? En mai et juin 2022, plusieurs grands patrons français confiaient à l'auteur leur souhait de « réduire leur exposition à la Chine ». Phrase incroyable, impensable il y a encore trois ans, lorsque tous n'avaient de cesse que de profiter du plus grand marché du monde. Le groupe automobile Volkswagen réalise la moitié de ses profits dans l'Empire du Milieu, avec toutes ses marques. Quant au leader français du luxe LVMH, le tiers de son chiffre d'affaires record de 2021 provient de l'Asie hors Japon, c'est-à-dire principalement de la Chine. C'est dire la secousse que l'Occident et ses multinationales enregistreraient si les relations étaient coupées par une foucade militaire de Xi Jinping.

Dans le même temps, un autre bouleversement silencieux s'amplifie : la rupture des chaînes d'approvisionnement mondiales. Depuis trente ans, les entreprises avaient construit des relations fluides et fiables avec des sous-traitants basés dans le monde entier. Un simple vélo par exemple, si même il est assemblé en France, est fait de pièces fabriquées en Chine, au Vietnam, ou encore au Japon, où se trouve un industriel qui a le quasi-monopole des freins de qualité, Shimano. Ce déploiement de l'entreprise hors les murs n'était jamais que la conséquence micro-économique de la mondialisation, rendue possible et par l'effondrement du prix du transport international par bateau, et par la fiabilité croissante des industriels des antipodes, en Chine particulièrement. Elle permettait à nos industriels de n'avoir plus aucun stock, tant la certitude d'être livré à temps était forte.

Et voilà que ce réseau planétaire ploie, sous la pression simultanée d'une reprise hors normes, après les confinements, de la persistance du Covid en Chine qui ralentit les usines, de la montée des risques géopolitiques et de l'envolée des tarifs du transport en conteneurs. Du coup, les délais de livraison s'allongent. Partout, et pour tout. Alors qu'on pouvait espérer obtenir des composants électroniques en un mois et demi, il faut maintenant patienter quatre-vingts semaines. Par crainte de pénuries et des hausses de prix, les entreprises recréent des stocks, même si cela immobilise du capital. Et, surtout, elles construisent des chaînes d'approvisionnement alternatives, plus proches des lieux de consommation, pour diminuer leur exposition aux mésaventures. Selon une étude du cabinet McKinsey, quatre responsables des achats sur cinq ont choisi de mettre en place au moins une filière de secours. Avec d'autres fournisseurs, dans d'autres pays.

Partition du monde

La principale victime de ce mouvement est la gagnante d'hier, la Chine. 47 % des approvisionnements industriels occidentaux viennent de l'Empire du Milieu aujourd'hui, contre 61 % en 2019. L'ère de la domination chinoise sur l'industrie mondiale est révolue, déclarait récemment Nat Rothschild à un grand journal britannique[6]. Ce redéploiement de la base productive se fait au profit d'autres pays d'Asie, le Vietnam, là où Apple vient par exemple de localiser la production des tablettes iPad, mais surtout dans des pays proches sur le plan géographique et stratégique. Pour diminuer les risques. Au Mexique pour les États-Unis. En Turquie, Bulgarie, Roumanie et Afrique du Nord pour l'Europe.

C'est ce que l'on appelle le *friend-shoring*, la délocalisation chez les amis, s'opposant à l'*off-shoring*, la délocalisation tout court, qui ne se préoccupait pas d'autres critères que le prix. Le mouvement naissant a été baptisé ainsi par Janet Yellen, secrétaire au Trésor des États-Unis, dans un discours prononcé en avril 2022. Il est appelé à grandir sous la contrainte d'un monde en miettes, malgré les critiques des libéraux. Ceux-ci, à l'instar de l'économiste Raghuram Rajam, y voient en effet un recul par rapport au libre-échange qui permettait à la fois de baisser les prix pour le consommateur occidental et d'augmenter les revenus dans les pays sous-traitants[7].

Rajam a raison au plan théorique, mais cette raison est désormais inaudible. Si nous sommes entrés dans l'économie de guerre, ça n'est pas seulement à cause des pénuries qui se multiplient, mais parce que l'ordre des priorités s'est inversé : l'économie et les entreprises vont désormais faire là où on leur dit de faire. L'illusion qui a prévalu ces trente dernières années, celle d'une économie toute-puissante qui dictait ses lois aux citoyens et à leurs représentants, est dissipée. Elle n'a d'ailleurs été possible que parce que le politique s'était de lui-même retiré des affaires, laissant le champ libre aux multinationales pour s'élancer et planter leurs drapeaux jusque dans les régions les plus reculées.

S'agit-il ici de *démondialisation* ? Les économistes se querellent, comme toujours, sur le sujet. L'évidence est pourtant là : le commerce international n'a jamais retrouvé le rythme de croissance qui était le sien avant la crise financière de 2007-2008. Avant la crise, il progressait deux fois plus vite que le PIB mondial. Depuis la crise, par-delà les fortes fluctuations causées par la dépression du confinement et la reprise, son évolution est réglée sur celle du PIB. C'est une forme de stabilisation.

Outre la partition du monde décrite dans ce chapitre, plusieurs éléments devraient faire changer le commerce international de nature, sinon de mesure, dans les années qui viennent. La crise climatique tout d'abord, qui va nous contraindre à baisser fortement l'« intensité kilométrique » des produits que nous consommons, pour diminuer les émissions de carbone, fût-ce à prix plus élevé. Le dégonflement à venir de la bulle boursière et financière américaine peut aussi contribuer à renationaliser partiellement les mouvements de capitaux, et donc à ralentir la circulation de biens qui en découle. Cette crise future, difficile à dater avec précision, est inéluctable, car l'attractivité de Wall Street devrait diminuer avec la puissance de l'Amérique. La valorisation du constructeur automobile Tesla, délirante, est en effet corrélée à la puissance de la Navy, à l'influence des films de Hollywood, au succès des géants technologiques de Californie, à l'appétit pour le dollar et à la popularité planétaire des McDo – on y revient. Autant d'attributs du maître du monde, étroitement liés les uns aux autres, dont l'or va pâlir.

Depuis ses débuts et les Grandes Découvertes du XVe siècle, le capitalisme alterne les phases d'ouverture conquérante et de repli à l'intérieur des frontières. Car la mondialisation, si elle apporte en effet les dividendes économiques déjà regrettés par Raghuram Rajam, provoque aussi des désordres sociaux, géopolitiques et financiers qui conduisent tôt ou tard à l'inflexion, quelle que soit l'époque, quelle que soit la puissance des moyens technologiques de communication existants[8]. Le temps de l'inflexion est arrivé, après trois décennies qui ont constitué l'une des périodes de mondialisation les plus intenses de l'histoire, dépassant même au regard de certains critères l'avant-1914, qui jusqu'ici détenait le record de tous les temps.

Pour autant, il ne s'agira pas de fermeture totale, on l'a vu, mais plutôt de régionalisation. Reste à voir comment la France et l'Europe vont tirer leur épingle du jeu dans un tel monde. Et les perspectives ne sont pas si mauvaises.

2.

« *Take back control!* »

Il a bien fallu se rendre à l'évidence, au fil des reculades de Sanofi, notre champion pharmaceutique national : la France s'est trouvée incapable de produire dans les temps un vaccin contre le Covid-19. Alors que la Chine, la Russie, les États-Unis et le Royaume-Uni alignaient les communiqués de victoire dans les mois qui ont suivi l'apparition de l'étrange petite bête sur un marché de Wuhan, l'industriel français était dans une impasse.

L'affaire avait pourtant bien commencé. Au printemps 2020, Sanofi, associé avec le britannique GSK, négocie avec la fameuse BARDA, la Biomedical Advanced Research and Development Authority, l'agence fédérale américaine du médicament, et obtient des financements qui se comptent en milliards de dollars. En mai de cette année-là, Paul Hudson, le patron du laboratoire tricolore, déclenche une tourmente en affirmant, lors d'une interview donnée à l'agence Bloomberg, que l'entreprise fournira en priorité les États-Unis, compte tenu du soutien financier accordé par Washington. Un laboratoire français servant en priorité l'Amérique ? Alors que les morts se comptent par dizaines de milliers chez nous et que le pays sort tout juste d'un confinement de deux mois ? Pire, l'héritier d'entreprises industrielles remontant au début du XIXe siècle, constitué par celui qu'on surnommait « le de Gaulle de la Pharmacie », Jean-François Dehecq, reniant son propre territoire ?

Le DG britannique, certes maladroit, disait la vérité. La BARDA, sous l'aiguillon de la présidence Trump, avait mis le paquet pour trouver un vaccin efficace et sécuriser l'approvisionnement américain. Rien de tel en Europe. Hudson mettra de l'eau finalement dans sa fiole, en appelant les Européens à se mobiliser. Et il signera des contrats dans le monde entier pour des dizaines de millions de doses.

Encore fallait-il produire le précieux vaccin. Or, le 11 décembre 2020, Sanofi annonce que les essais de sa formule sont décevants. Le produit ne protège pas autant qu'on l'espérait. Problème de dosage, difficulté à trouver des sujets non contaminés pour conduire les tests, tout se cumule. Alors qu'il projetait de commercialiser le vaccin dans la première partie de 2021, le « champion » français vise désormais la fin de l'année. Sanofi explique que le retard n'aura pas de conséquences sérieuses, compte tenu de la taille du marché pour ce vaccin. Les Français avaient choisi d'emprunter simultanément la voie révolutionnaire de l'ARN messager, et celle du vaccin classique, plus long à développer, mais plus sûr. Au pays de Jean de La Fontaine, tout le monde est prêt à croire que la tortue conserve ses chances contre le lièvre.

Étrange défaite

Malheureusement, de nouveaux retards interviennent. Puis Sanofi abandonne la voie de l'ARN messager, faute de parvenir à stabiliser le produit, et se concentre sur la technique dite « de la protéine recombinante ». Un renoncement d'autant plus surprenant qu'au même moment, des vaccins avec ARN messager sont produits massivement par Moderna, une start-up de Boston dont personne n'avait jamais entendu parler, et par l'américain Pfizer, qui exploite les brevets d'une autre start-up, allemande celle-ci, montée par un couple de scientifiques émigrés de Turquie à Mayence. Comment deux start-up ont-elles réussi là où notre champion de taille mondiale a échoué ? Humiliation suprême, le patron de Moderna, Stéphane Bancel, est un Français, ancien cadre de l'industrie pharmaceutique nationale, découragé par un environnement hostile à l'entreprise et peu propice à l'innovation, qui a émigré aux États-Unis ! À chaque communiqué publié par Sanofi pour différer son vaccin, la polémique repart sur le crédit impôt recherche, une niche fiscale dont profite le laboratoire, décidément bien coûteuse pour le contribuable. Pour se faire pardonner, notre industriel décide de produire sous licence des vaccins inventés par d'autres, afin de contribuer à la lutte contre la pandémie.

Le procès fait à Sanofi est sans doute injuste. D'abord parce que son vaccin devrait finir par sortir à l'automne 2022, précédé par des essais prometteurs. Ensuite parce que le pharmacien a d'autres points de force qui en font une entreprise de premier ordre. Pour autant, les éditorialistes de l'époque n'hésitent à comparer cet échec au désastre de mai 1940, invoquant Marc Bloch et son « étrange défaite ». Et ils soulignent que la France est le seul pays du Conseil de sécurité de l'ONU n'ayant pas trouvé de vaccin… On pourrait contester ce raccourci journalistique qui établit un lien curieux entre l'ordre géopolitique de l'après-guerre et l'efficacité technologique. Il a pourtant sa logique. En loupant cette invention, la France a le sentiment de ne plus être une grande puissance.

Car l'affaire touche plusieurs nerfs. Elle entretient d'abord un sentiment de déclin. Sentiment qui n'est, certes, pas neuf. Voilà presque vingt ans que l'essayiste Nicolas Baverez a publié *La France qui tombe*. Et déjà dans les années 1930, Robert Aron et Arnaud Dandieu s'attristaient de la *Décadence de la nation française*. À l'aune de l'Empire et du siècle de Louis XIV, quelle époque peut soutenir la comparaison ? Cette autoflagellation persistante s'était pourtant atténuée au tournant des années 2000, grâce à la construction européenne, qui pouvait donner l'illusion de porter au-delà des frontières, cette fois-ci pacifiquement, ce que nous appelons le « génie français ». Mais voilà qu'en cas de nécessité, et même de vie ou de mort, nous nous révélons incapables de « délivrer », comme disent les Anglais !

L'épisode révèle aussi, avec la gaffe de Paul Hudson, une brutalité du monde à laquelle nous ne sommes plus préparés. Les Américains, pourtant nos amis, n'hésitent pas à mobiliser une entreprise française à leur service, grâce à leur argent. Ils la retournent contre nous – même les nôtres rallient les rangs étrangers. Nous subissons le rapport de force. Il est vrai que peu après, l'Europe va quand même parvenir à se mobiliser, en particulier la Commission européenne, pour approvisionner le continent en vaccins avec une rapidité inédite. L'affaire Hudson aura joué le rôle d'aiguillon, en donnant la mesure de notre impréparation. Mais avant de nous forcer à réagir, les déclarations du DG et les retards incessants qu'il annonce provoquent une humeur sombre et nouvelle, que nous n'avions probablement pas ressentie depuis la guerre : le sentiment de vulnérabilité et de dépendance. Le fait d'être à la merci des autres pour nos intérêts vitaux.

Centrales en carafe

Depuis l'affaire des vaccins, une autre crise nous a fait sentir les mâchoires de cet étau d'airain, celle de l'énergie. La Russie, fournisseur de la France à hauteur de 17 % pour le précieux fluide qui sert à nous chauffer, est entrée en guerre indirecte contre nous, à travers l'Ukraine. L'enchaînement des sanctions et des mesures de rétorsion a rétréci peu à peu les volumes livrés à l'Europe, dont ceux qui étaient destinés à la France. Chacun d'entre nous regarde désormais les brûleurs de sa cuisinière avec un mélange de crainte et de respect : et s'ils s'arrêtaient ?

Notre dépendance vis-à-vis de Vladimir Poutine est d'autant plus forte qu'elle s'exerce aussi à travers les autres pays européens. Notre voisin allemand est bien plus dépendant du gaz russe que nous. Il a même renforcé sa servitude dans les dernières années, depuis la sortie du nucléaire opérée par Berlin sans préparation aucune, sous le coup de l'émotion provoquée par l'accident de la centrale de Fukushima. Une bonne partie de l'industrie allemande est alors passée au gaz, délaissant l'électricité qui risquait de manquer à cause de l'extinction progressive des réacteurs. C'est Angela Merkel, l'ancienne chancelière allemande, qui avait cru bon de se mettre dans la main des Russes pour éviter le *black-out*. D'où la construction des gazoducs Nordstream, dont l'un est aujourd'hui fermé. L'opération avait une double finalité : alimenter en énergie Deutschland AG, et donner un morceau de viande à l'ours russe, en espérant le calmer avec des relations commerciales profitables. Erreur magistrale, probablement la plus lourde de la période Merkel, qui a pourtant été particulièrement féconde dans ce domaine. À l'automne 2022, c'est une bonne partie de la production allemande qui se trouve devant le risque d'être interrompue faute d'énergie. Or, à cause des liens étroits que l'industrie allemande entretient avec les entreprises françaises, la mise à l'arrêt des usines outre-Rhin aurait des conséquences importantes chez nous. Certaines de nos entreprises se trouveraient privés de débouchés, d'autres d'approvisionnements.

Lors d'un entretien avec l'auteur en juillet 2022, Emmanuel Macron donnait un autre exemple de cette sujétion indirecte : SMT et Global Foundries ont annoncé la construction d'une usine de semi-conducteurs, des puces électroniques, à Crolles, près de Grenoble. L'investissement, de plusieurs milliards d'euros, vise à nous rendre autonomes dans la production de ces microcomposants de silicium qui sont désormais indispensables à la plupart des produits industriels, à commencer par les voitures. Mais, pour fonctionner, l'usine aura besoin de machines fabriquées par le néerlandais ASML, leader mondial de la découpe du silicium. Or ASML fait tourner ses propres usines au gaz. Et le 31 mai dernier, Poutine a interrompu ses livraisons aux Pays-Bas… Grâce aux approvisionnements de substitution et au redémarrage des centrales à charbon, les Bataves ont pour l'instant évité le rationnement. Mais pour combien de temps ?

Plus grave encore pour l'indépendance française, la crise du gaz a mis en relief la fragilité de l'acteur central de la production d'électricité. EDF, le « mammouth » créé au sortir de la guerre, ploie sous les fardeaux technologiques et financiers, au point que le gouvernement a été contraint d'annoncer sa nationalisation cet été. Il était moins une. Quelques jours plus tard, l'entreprise aurait été une nouvelle fois dégradée par les agences de notation financière, qui s'inquiètent à juste titre de sa solvabilité. Une nouvelle marche descendue, et le coût de la dette d'EDF – estimée de soixante à soixante-cinq milliards à la fin de 2022, sans compter les engagements hors bilan – aurait bondi, compromettant encore davantage son redressement, et forçait la direction à vendre une partie de ses actifs.

Comment un tel édifice, au cœur de la stratégie économique française depuis quatre-vingts ans, qui a longtemps fourni une électricité à la fois peu chère et largement décarbonée grâce au nucléaire, a-t-il pu être ainsi affaibli ? Plusieurs causes de natures différentes se sont additionnées. D'abord, EDF a été missionnée pour jouer les Saint-Bernard, après le désastre sans précédent d'Areva, le fabricant des centrales, conduit droit dans le mur par sa patronne, Anne Lauvergeon. Après la faillite de l'entreprise, avec une facture pour le contribuable qui s'évalue en milliards d'euros, c'est EDF qui en a repris une partie, l'ex-Framatome, à la demande pressante de l'actionnaire majoritaire, l'État. Au nom de l'intérêt supérieur de la nation. Ensuite, une série malencontreuse de défauts sur les centrales nucléaires existantes a forcé l'exploitant à interrompre leur fonctionnement, pour les réparer. Il s'agit de microfissures sur les circuits de refroidissement qui sont utilisés en cas d'accident, le déclenchement de la fusion du réacteur par exemple, s'il se produisait un accident comparable à celui de Three Miles Island, aux États-Unis, en 1979. Le défaut, mineur, serait dû à la corrosion, mais l'Autorité de sûreté nucléaire, le régulateur, a imposé fermetures et réparations.

Au total, si l'on ajoute aux centrales arrêtées pour cause de fissures celles qui passent par les opérations habituelles de maintenance, la moitié du parc nucléaire français était en carafe l'été dernier. Avec un impact considérable sur les comptes de l'entreprise. Car EDF avait prévendu sa production. Pour honorer ses engagements, elle achète donc sur le marché international l'énergie qu'elle doit livrer à ses clients. Seul problème, entretemps les cours ont été multipliés par quatre ou cinq, à cause de la guerre d'Ukraine.

Notre électricien achète cinquante ce qu'il revend dix. On pourrait concevoir des opérations plus avantageuses. Coût estimé pour 2022 : dix-huit milliards et demi d'euros.

À cela s'ajoute encore le coût du « bouclier tarifaire », mis en place par le gouvernement Castex pour protéger les ménages français de la forte hausse des cours intervenue à partir de l'automne 2021. Ce blocage des prix, car c'en est un, est largement financé par EDF qui, outre les ventes à prix fixe qu'elle effectue vers ses propres clients, cède de très larges volumes à ses concurrents, également à tarif cassé, pour que ceux-ci puissent servir aussi leurs abonnés. Manque à gagner par rapport au prix de marché, estimé lors de la dernière révision comptable effectuée notre champion sur le flanc : dix milliards d'euros. EDF serait une entreprise normale, elle serait évidemment en faillite. Seule l'intervention de l'État la préserve de ce destin funeste.

Et ce n'est pas tout. Ces graves difficultés financières se doublent d'une persistante interrogation sur la technologie choisie il y a trente ans pour les réacteurs de nouvelle génération, les EPR. Un prototype a été laborieusement construit à Okiluto, en Finlande, et mis en service avec douze ans de retard, au début de 2022. Quelques semaines plus tard, il a fallu interrompre le service, à cause de corps étrangers trouvés sur la turbine fabriquée par Siemens… En France, l'EPR de Flamanville, initialement prévu pour 2012, sera terminé en 2023 au mieux, avec un surcoût d'une quinzaine de milliards d'euros. À Taishan, en Chine, le seul EPR qui fonctionnait a lui aussi été interrompu pour des raisons de sécurité. À Hinkley Point, au Royaume-Uni, le chantier, bien plus récent, aligne déjà surcoûts et retards impressionnants… Au point que l'EPR a gagné un surnom, dans la bouche de Martial You, sur RTL : « Encore un Peu de Retard »…

Déboires financiers, interrogations technologiques… Il faut ajouter à cela, pour comprendre l'affaissement de la filière énergétique française, les palinodies du pouvoir politique. Les dirigeants français, sans avoir fait la grosse bêtise d'Angela Merkel après Fukushima, ont longtemps cherché à diminuer la part du nucléaire dans le *mix* énergétique français. Pour des raisons qui n'étaient pas très honorables – de la basse politique. Le candidat François

Hollande, en 2012, avait annoncé la diminution à 50 % de la part du nucléaire dans la production d'électricité, contre 72 % à l'époque. Engagement repris dans une loi « de transition énergétique » et assorti d'une date cible, 2025. Avec la fermeture de la fameuse centrale de Fessenheim, pourtant en partie rénovée. Quant à Emmanuel Macron, après avoir été ouvertement pronucléaire, il change de pied en 2017, pour embarquer l'électorat écologiste au moment de la présidentielle, et s'aligne peu ou prou sur les positions de François Hollande. En fermant effectivement Fessenheim, au prix d'une grosse indemnité pour EDF – alors que la France est bord de la rupture, le fait d'avoir payé en 2020 quelque quatre cents millions pour réduire nos capacités de production électrique semble quelque peu saugrenu… –, Macron fait lui aussi adopter la loi Énergie et Climat, qui reprend l'objectif de 50 %, mais pour dix ans plus tard, en 2035.

Entretemps, la filière nucléaire est complètement démobilisée et elle se vide de ses ressources humaines. Lorsqu'on est ingénieur, pourquoi donc parier sur un secteur déclinant, que tous les politiques s'acharnent à affaiblir ?

Alors que le président a une nouvelle fois changé de pied, à la faveur de la crise énergétique, en annonçant en 2021 la commande de six nouveaux réacteurs, il manque des dizaines de milliers de personnes pour les construire. Et il faudra des années pour les former. C'est le prix du ralliement de Nicolas Hulot, éphémère ministre de l'Écologie lors du premier quinquennat Macron, qui démissionne sur un coup de tête dès 2018.

Retour à l'usine

Les vaccins et le nucléaire, deux domaines réputés d'excellence pour la France, dans lesquels nous avions naguère une avance importante, même vis-à-vis des pays les plus développés. Deux domaines où la recherche française s'est illustrée depuis plus d'un siècle, avec des figures qui subsistent encore dans le récit national, comme celles de Louis Pasteur et de Marie Curie. Deux domaines qui ont connu une éclipse dans les vingt dernières années, au point que les entreprises héritières de cette tradition ne parviennent plus à produire.

Le choc est d'autant plus violent qu'il intervient dans une période où, on l'a vu, la mondialisation ne fonctionne plus avec l'efficacité qu'on lui connaissait naguère. À cause de la désorganisation des chaînes d'approvisionnement, mais aussi et surtout parce que la préférence nationale s'impose peu à peu partout. Chaque pays constitue des listes d'entreprises « stratégiques », dans l'énergie, la pharmacie, l'électronique, qui peuvent en cas de nécessité être réquisitionnées pour alimenter le marché national. Nous ne pouvons plus produire, et les autres ne le feront pas pour nous.

Cette brutale prise de conscience de notre vulnérabilité intervient alors que depuis des années maintenant les peuples, et les Français en particulier, ressentent une fatigue de la mondialisation. Parce qu'elle n'a pas tenu les promesses qu'une partie des élites lui avaient attribuées. Des fortunes colossales se sont créées, en large partie boursières, qui donnent le sentiment du creusement des inégalités, même dans la France égalitariste. Le décollage économique de l'Asie, celui de la Chine surtout, n'est pas perçu comme un bénéfice, mais comme une menace sur les emplois. Nos sociétés sont éprouvées par la liste infinie de délocalisations qui ont désertifié les campagnes, laissant le champ à l'inactivité et aux allocations sociales. Dans les villes, si les emplois ne manquent pas, l'immigration et l'insécurité, elles aussi perçues comme les conséquences de l'ouverture des frontières, entretiennent le sentiment de péril.

En réaction, un fait politique s'impose avec une force croissante, partout : le désir de souveraineté à l'intérieur des frontières nationales, assorti d'un mot répété par tous les partis, quelle que soit leur couleur politique : la réindustrialisation. Comme toujours, ce sont les démocraties anglo-saxonnes qui sont en avance dans cette évolution idéologique planétaire. Dès 2016, Donald Trump remporte l'élection présidentielle américaine avec l'ambition de refaire de l'Amérique une grande puissance souveraine et industrielle. La même année, les électeurs britanniques se prononcent pour la rupture avec l'Union européenne, au profit d'une stratégie d'indépendance nationale. Les partisans du Brexit font campagne avec un slogan simple qui répond à merveille au sentiment populaire : « *Take back control!* »

Ce slogan britannique est en réalité universel. Partout, les électeurs veulent reprendre le contrôle. Face à des élites qu'ils récusent, pour être faibles ou impuissantes face aux intérêts du grand capital et de l'étranger. Face à l'économie mondiale et à ses interdépendances, qui compliquent, voire interdisent les choix nationaux en matière de fiscalité ou de dépenses publiques. Face aux GAFA, qui font des milliards avec les données de nos vies privées. Face à ce qu'ils estiment être une trahison des grandes entreprises, qui ont délaissé leur patrie et provoqué l'attrition du potentiel productif.

C'est dans ce cadre que l'industrie est redevenue un objet politique. « La question productive est désormais au centre du jeu », note l'économiste Élie Cohen[1]. Il est en effet frappant de constater que le retour de l'industrie est souhaité par la quasi-totalité des partis, dans la quasi-totalité des pays. Alors que ce thème n'a pourtant pas toujours été universel. En France, il est né chez les souverainistes, de gauche comme de droite, qu'on taxait de ringardise il y a vingt ou trente ans de cela – Jean-Pierre Chevènement et Édith Cresson en ont fait les frais. Il a ensuite été largement exploité par les populistes, au Rassemblement national notamment, au point de dissuader les partis traditionnels de s'en saisir. Pendant longtemps, socialistes et droite dite « parlementaire » ont abandonné le monopole de la sécurité industrielle aux extrémistes. Les événements exceptionnels que nous traversons leur ont dessillé les yeux.

Si cette conversion est bienvenue, c'est pour nous protéger demain, en cas de nouvelle secousse sanitaire ou géopolitique. Mais pas seulement. L'industrie est vitale, même pour une économie développée. Car elle offre des emplois mieux rémunérés que ceux des services. Et surtout des emplois dont les salaires progressent, grâce à la productivité croissante, contrairement aux emplois de services – un restaurant ou une entreprise de soins à domicile pour enfants ou personnes âgées ne fait pas de progrès de productivité, car dans ces activités les progrès technologiques ne permettent pas de servir davantage de clients ou de patients en une journée. L'industrie a donc permis des carrières ascendantes, et c'est une des explications de la formidable poussée qu'a connue le niveau de vie des classes moyennes après la guerre. Autre avantage, les usines s'installent dans les campagnes, et non pas dans les villes, là encore contrairement aux services, qui ne se développent que dans les zones les plus peuplées. L'industrie permet donc de rééquilibrer la croissance et l'emploi en faveur des zones rurales. La désertification de régions françaises entières, que l'on observe depuis une trentaine d'années, s'explique justement par la désindustrialisation accélérée que la France a connue.

Marx revu par DSK

Avant d'envisager les moyens de reconstruire l'industrie française, il faut comprendre comment et pourquoi elle a pu se rétrécir à ce point. À ce point, car le déclin industriel que nous avons subi est beaucoup plus marqué que dans la plupart des autres pays développés. En 2021, nous étions le pays de l'OCDE où la part de l'industrie dans l'activité était la plus faible, après le Luxembourg, qui est une grosse banque, aux côtés de la Grèce et du Royaume-Uni. Sur les trente dernières années, l'industrie manufacturière est passée de 17,4 % à 10 % du PIB français, soit une chute de plus de 40 % entre 1991 et 2021. Mais sur la même période, l'Allemagne, partant de 27,3 %, n'a chuté que d'un quart. Même les champions de la délocalisation, les États-Unis, font mieux que nous. La dégringolade est évidemment la même pour l'emploi industriel, qui passe d'un peu plus de quatre millions de postes en 2002 chez nous à trois millions aujourd'hui. Alors qu'outre-Rhin, sur ces vingt années, l'emploi dans les usines a légèrement progressé, passant de huit à huit millions trois cent mille !

Les chiffres du commerce extérieur français racontent la même histoire. En 2021, le déficit avait atteint près de quatre-vingt-cinq milliards d'euros, un montant sans précédent… jusqu'à 2022, qui a toutes chances de nous emmener vers un nombre à trois chiffres. À regarder dans le détail, il ne subsiste plus que trois gros excédents commerciaux. L'aéronautique et le spatial, tout d'abord, merci Airbus et Ariane. Et encore la comptabilisation des avions vendus par Airbus n'est-elle pas rigoureuse, car elle attribue à la France le bénéfice intégral de la fabrication des avions, alors que celle-ci est européenne. Deuxième poste d'excédent, la chimie, avec les parfums et cosmétiques. Troisième, les produits agricoles et agro-alimentaires, mais le secteur serait en déficit sans les ventes de vins, champagnes et spiritueux, très largement excédentaires. Quant à la pharmacie, elle parvient à se hisser tout juste dans le vert, alors qu'elle aussi était l'un de nos secteurs d'excellence.

Côté déficits, ne mentionnons pas le textile et l'électronique, pour lesquels nous sommes largement dépendants de l'Asie comme tous les autres pays occidentaux, tous en déséquilibre dans ces deux secteurs. Plus problématique, le matériel de transport terrestre, autre point d'excellence traditionnel de la France, qui est passé dans le rouge. Et que dire de l'automobile, qui a longtemps été un atout de notre commerce extérieur ? En 2021, le déficit pour les véhicules à moteur a atteint dix-huit milliards d'euros. Un record ! Il n'y a pas vingt ans, en 2004, le secteur engrangeait douze milliards d'excédents ! Une telle inversion s'explique par la stratégie des constructeurs français, qui ont massivement délocalisé la production de leurs petits véhicules en Slovénie, en Turquie, en Slovaquie, au Maroc… parce que les marges sur ces voitures sont si faibles qu'elles ne sont plus compatibles avec les coûts du travail français.

Du coup, quand un Français achète une voiture française, il creuse le déficit commercial avec la Slovénie si c'est une Renault Twingo, et avec la Slovaquie si c'est une Peugeot 208. Rien de tel en Allemagne, où les gammes des grands constructeurs, Porsche, Mercedes ou BMW, positionnées plus haut que celles de leurs homologues français, ont permis la préservation du *made in Germany*, nourri par la sous-traitance hongroise, tchèque ou slovaque.

Le patron de Bpifrance, Nicolas Dufourcq, raconte dans un livre passionnant ce naufrage français. Près de la moitié des usines ont disparu de France entre 1995 et 2015, explique-t-il. L'une des causes est bien sûr la détérioration de la compétitivité de notre pays, c'est-à-dire le renchérissement relatif des coûts de production, qui a été un aiguillon pour délocaliser. Ce qui est frappant, dans la triste recension des faits qu'il égrène, c'est que les décisions coûteuses pour l'entreprise sont le fait de tous les gouvernements qui se sont succédé. Comme s'il y avait eu, par-delà les alternances qui nous ont fait passer de droite à gauche et inversement, une sorte de pacte pour ignorer les contraintes de l'économie. À droite, c'est la mise en place en 1975 de l'autorisation administrative de licenciement (gouvernement Chirac) ou le déplafonnement de l'impôt de solidarité sur la fortune (gouvernement Juppé). À gauche, les lois Auroux (Pierre Mauroy) et les 35 heures (Lionel Jospin). Sans oublier l'augmentation continue des charges sociales. « Sur les cotisations, la pression est si forte que le patronat, lui-même, dans les instances de paritarisme, arbitre systématiquement en faveur des salariés », relève Dufourcq.

De façon continue, la France et les Français privilégient la redistribution à la production. On raconte même que Dominique Strauss-Kahn, ministre socialiste des Finances à la fin des années 1990, voulant tempérer l'ardeur de ses camarades qui demandaient de nouveaux sacrifices fiscaux au monde de l'entreprise, leur aurait demandé de ne pas oublier que le grand Karl Marx avait écrit *Le Capital*, et non pas « La Sécurité sociale »…

Ce travers français s'illustre par un chiffre maintes fois cité, édifiant : si l'on prend l'ensemble des heures travaillées en France pendant un an, et qu'on le divise par le nombre d'habitants du pays, on obtient 630, selon l'OCDE. À chaque Français, quel que soit son âge, correspondent donc 630 heures de travail dans une année. En Allemagne, c'est un peu plus de 700. Au Royaume-Uni et aux États-Unis, environ 800. Et 1100 en Corée du Sud ! Arrêtons-nous un instant sur notre « score ». 630 heures, c'est en gros quatre mois de travail. Il faut donc trois Français pour faire un plein temps. Dit autrement, chaque Français qui travaille à plein temps « finance », avec son activité professionnelle et la croissance qu'il suscite, deux autres personnes, un jeune qui ne travaille pas encore et un sénior qui ne travaille plus. C'est dire l'ampleur des prélèvements qui pèsent sur lui et son activité !

Ce travers qui est le nôtre n'est pas neuf. Mais de façon paradoxale, son coût a été fortement accru par l'union monétaire européenne, qui nous interdit de dévaluer notre monnaie. De l'après-guerre à la fin des années 1980, la France a pu corriger ses décisions regrettables et contraires à l'intérêt même des travailleurs au moyen de la dépréciation de sa monnaie, qui permettait de retrouver temporairement de la compétitivité. Dès que l'euro s'est profilé, nous avons renoncé à cet artifice, pratiquant alors la

« désinflation compétitive », pour regagner des parts de marché par rapport à nos voisins. À cette époque, la plupart des économistes et dirigeants économiques estimaient que l'euro allait nous contraindre, nous les Français intempérants, à surveiller nos coûts avec beaucoup plus d'attention, puisque l'exutoire était interdit, ce qui aurait permis de redresser notre industrie. L'illusion a même persisté dans les premières années de l'union monétaire, lorsque la France est parvenue à rééquilibrer ses comptes extérieurs. Mais il ne s'agissait que d'une amélioration transitoire, créée non pas par notre vertu, mais par la détérioration de la situation allemande, à cause de la Réunification. Le temps que l'Allemagne se redresse sous l'effet des réformes du chancelier Gerhardt Schroeder, nous avions replongé. Et l'euro a alors rendu ses effets véritables. Il nous a complètement déresponsabilisés, contrairement à ce qui était anticipé, parce qu'il a éloigné les risques de crise monétaire. Et nous a ainsi permis de ne pas renoncer à notre passion pour la redistribution, en remplaçant la dévaluation par l'endettement.

Il subsiste bien sûr des entreprises industrielles françaises de qualité. Mais celles-ci n'ont survécu qu'en délocalisant leurs usines, à la fois pour se rapprocher de leurs marchés mais surtout pour échapper aux charges et aux contraintes de leur territoire d'origine. Conséquence, une France industrielle de l'étranger s'est constituée, avec les investissements effectués par les entreprises nationales. Entre 2001 et 2019, le stock d'investissements effectués par nos entreprises hors des frontières est passé de deux cents à cinq cents milliards d'euros[2]. Plus parlant encore, les ventes effectuées par les filiales étrangères des groupes français sont 2,5 fois plus importantes que celles effectuées à partir de la France, alors que ce n'est qu'1,3 fois en Allemagne, 1 fois en Italie et 0,5 fois en Espagne.

Alcatel est pris qui croyait prendre

À ce réglage macro-économique déficient se sont ajoutées des erreurs de stratégie. Ont-elles été plus nombreuses en France qu'ailleurs ? La question se pose, à voir la série d'entreprises industrielles qui ont disparu ou bien sont passées sous contrôle étranger, du spécialiste de l'aluminium Péchiney au numéro un mondial des verres optiques Essilor. Rien n'illustre mieux cette déconfiture que le démantèlement progressif de la Compagnie générale d'électricité, quinzième entreprise mondiale dans les années 1970, opérant dans les télécoms, le transport ferroviaire (avec notamment le TGV), la construction navale (les chantiers de l'Atlantique), la défense, l'énergie et même la presse. Rebaptisée Alcatel-Alsthom, l'entreprise est scindée par Serge Tchuruk, qui parie sur les télécoms au plus haut de la bulle spéculative de la fin des années 1990. Suivra une liste de faux-pas impressionnante, qui débouchera sur la disparition de ce fleuron. La séparation des activités télécoms (Alcatel) et transports-énergie (Alsthom), tout d'abord, s'effectuant au prix d'un dividende élevé qui affaiblira la branche transport-énergie dès le départ. Alsthom rachète ensuite l'activité turbine d'ABB, un conglomérat helvético-suédois, alors que les produits sont défectueux et provoquent une série de litiges coûteux. L'entreprise tombe en quasi-faillite, pour être nationalisée partiellement durant le quinquennat Sarkozy. Elle renaît un temps, mais peu après le marché des turbines s'effondre. La branche énergie est alors cédée à l'américain General Electric, sur fond de polémiques persistantes où l'on reproche à la direction d'avoir « bradé » des actifs stratégiques français. En réalité, ces actifs étaient déjà fort dévalués, ils sont plutôt bien vendus. General Electric ne parviendra d'ailleurs pas à développer l'activité comme il en avait le projet. L'Américain lui-même est démantelé peu après.

Recentré sur les télécoms, Alcatel s'est laissé littéralement piller par les Chinois, après avoir profité de quelques années fort prospères dans l'Empire du Milieu grâce aux centraux téléphoniques qu'il y vendait. À mesure que la Chine et l'Asie montent en puissance, Alcatel aligne les plans sociaux, revendiquant même le modèle de l'« entreprise sans usines » – elle va bientôt devenir l'entreprise sans clients. Exténué par la lutte avec des Chinois qui cassent les prix, Alcatel fusionne avec son homologue américain Lucent. Les deux dirigeants ne s'entendent pas, c'est le désastre. Les plans sociaux et les fermetures se multiplient. Quelques années plus tard, l'entreprise, dirigée par Michel Combes, est avalée sans gloire par le finlandais Nokia, l'un des rares survivants dans les télécoms européennes. À chaque cession, les dirigeants encaissent des millions d'euros de primes. Six millions pour Serge Tchuruk et pour l'Américaine Pat Russo, treize millions pour Michel Combes, avant que celui-ci ne se ravise, devant la tempête politique que déclenche ce montant. Pierre Bilger, ancien patron d'Alsthom, avait rendu spontanément les quatre millions qui lui avaient été octroyés lorsqu'il a quitté l'entreprise.

Quarante ans après son heure de gloire, la CGE ne survit plus qu'éparpillée « façon puzzle ». Le nouvel Alstom – il a perdu son *h* dans la bagarre – est l'un des leaders mondiaux du transport ferroviaire. Il fait face, encore, à un géant chinois. Bruxelles a refusé la fusion qu'il projetait avec l'Allemand Siemens. Subsistent également les chantiers de l'Atlantique, constructeur de bateaux à Saint-Nazaire, dont la fusion avec l'Italien Fincantieri a été aussi bloquée par Bruxelles. À la grande satisfaction du gouvernement français, désormais actionnaire majoritaire de l'entreprise jugée stratégique.

Politiques économiques pénalisantes pour la compétitivité, erreurs stratégiques dans l'évolution des métiers et l'appréciation de la concurrence chinoise, mais aussi divorce presque culturel du pays avec son industrie. Divorce par consentement mutuel. Côté patrons, c'est l'exil systématique, en réaction à un cadre réglementaire et fiscal qui ne cesse de se détériorer. Côté salariés, c'est le refus de métiers jugés sales, poussiéreux, tout droit sortis des romans de Zola. Alors que bien souvent les salaires et les conditions de travail y sont meilleurs que dans les services ou la construction. Responsabilité partagée aussi par les partenaires sociaux. Un patronat qui ignore les intérêts de son pays d'origine au profit de la rentabilité maximum, des syndicats qui jouent et rejouent la lutte des classes dans sa version la plus caricaturale, refusant de considérer la compétitivité. « Tout le monde a ses empreintes digitales sur la désindustrialisation du pays, car elle est le résultat d'une préférence collective », note Nicolas Dufourcq. Jacques Aschenbroich, patron de l'équipementier automobile Valéo, confessait à l'auteur, de façon fort lucide, que la pratique en vigueur dans les multinationales de faire « tourner » les patrons d'usine dans le monde entier tous les trois ans n'avait rien arrangé. Dans le temps, le patron de l'usine locale, bien implanté dans son territoire, était connu et respecté, il appartenait à l'*establishment* de la ville où il défendait les couleurs de l'industrie. Connaissant bien sa région, il se faisait aussi son avocat au sein même de l'entreprise, pour la protéger dans les plans de rationalisation. Alors qu'aujourd'hui, pour un cadre dirigeant qui passe de Shanghai à Clermont-Ferrand et repartira trente-six mois plus tard pour Budapest, ces liens sont ténus.

Heurs et malheurs de Pompidou

Comment remonter la pente, après plusieurs décennies d'une telle négligence, là où un petit voisin souvent moqué par la France, la Suisse, qui pratique des coûts du travail plus élevé que les nôtres, a fait merveille pour préserver ses spécialités industrielles et ses usines ? La décadence n'est pas inéluctable. Et l'on voit poindre désormais quelques lueurs qui incitent à espérer. Lueurs qui clignotaient avant même le double choc de l'épidémie et de la guerre en Ukraine. Au plan de la compétitivité macroéconomique, c'est François Hollande qui a inversé la tendance, avec le crédit d'impôt compétitivité-emploi (le CICE), inspiré du rapport de l'industriel Louis Gallois, simplifié sous la forme d'une baisse des charges par Emmanuel Macron, quelques années plus tard. Et avec les lois El Khomri, qui assouplissent le marché du travail de façon bienvenue, et qui seront elles aussi amplifiées par le quinquennat suivant.

L'attractivité de la France s'améliore. Pour la troisième année consécutive, l'Hexagone était en 2021 le pays recevant le plus d'investissement étranger, avec 1 222 projets, devant le Royaume-Uni et l'Allemagne. Le Brexit nous a permis de détrôner les Anglais, naguère solidement installés en haut du tableau, car leur sortie de l'Europe dissuade les multinationales d'investir outre-Manche, faute d'accès au Marché unique. Autre facteur, l'image d'Emmanuel Macron, réputé pro-business, ce qui est tout à fait inhabituel pour un président français. D'autres chiffres confirment cette remontée, comme l'étude annuelle du cabinet Trendeo, qui évalue à 120 le solde net d'usines sur le territoire en 2021, le meilleur chiffre jamais enregistré dans les années récentes. Trendeo note même le rapatriement de 87 unités de production en France, dans le secteur pharmaceutique par exemple. Le cabinet précise que le secteur le plus dynamique cette année-là a été le cuir et la chaussure, grâce à l'industrie du luxe, traditionnellement délocalisée dans les pays à faibles coûts de main-d'œuvre. Un bémol, toutefois : la France n'est pas très bien placée sur les projets à plus de 250 emplois. Une caractéristique relevée également dans le bilan annuel du sommet « Choose France », qui rassemble les industriels étrangers ayant choisi l'Hexagone. L'institut Rexecode est, lui, moins optimiste, notant que la part des exportations françaises dans la zone euro reste au plus bas depuis 2000, et qu'elle s'est même encore tassée entre 2019 et 2020. Admettons toutefois que 2020 est une année atypique, à cause des confinements multiples en Europe.

L'autre raison d'être optimiste, c'est le réveil des pouvoirs publics. Un bon libéral s'en alarmerait plutôt, redoutant que l'État ne vienne mettre ses grosses pattes malhabiles dans les rouages sophistiqués des chaînes d'approvisionnement mondiales. Ce n'est pas si simple. Après des années d'affrontements sur la question de la politique industrielle, il est grand temps d'être pragmatique et de s'adapter aux temps nouveaux, c'est-à-dire à la guerre économique entre blocs qui fait rage sans répit, dans laquelle les gouvernements jouent un rôle essentiel. S'il y avait besoin d'un seul exemple pour montrer que l'implication des pouvoirs publics dans les réalisations industrielles est capitale, le vaccin contre le Covid-19 nous rappelle que nous n'aurions pas disposé d'un produit aussi rapidement si l'administration Trump, à travers l'agence BARDA, n'avait pas financé massivement les travaux des laboratoires, leur permettant de réussir en un temps record.

Ce réveil des pouvoirs publics est entretenu par une conversion idéologique quasi générale : l'intervention de l'État dans l'économie est réhabilitée. Pendant la phase libérale, droite et gauche s'en remettaient au marché les yeux fermés. En particulier en France, où les dirigeants politiques et plus largement les élites économiques étaient d'autant plus critiques vis-à-vis de l'action de l'État qu'ils devaient lutter de façon ostensible contre leur penchant culturel, étatiste. C'était ce que l'on appelle « le zèle du converti ». Les autres pays, comme les États-Unis, plus pragmatiques, ou plus roués, étaient libéraux dans leur discours, beaucoup moins dans leurs actes. Pour ne rien dire des pays asiatiques, Chine, Corée, Taiwan et Japon en tête, où l'État est toujours resté l'architecte du développement économique.

Cette conversion lève le tabou qui interdisait jusqu'ici la politique industrielle. Tant mieux pour la France, car la politique industrielle a longtemps été un de nos atouts. À l'apogée de la planification, sous le gouvernement de Georges Pompidou, jusque dans les années 1980[3], l'État français a piloté la modernisation du pays en matière d'énergie, de transports, de télécommunications, avec des commandes publiques adressées quasiment sans appels d'offres aux grandes entreprises nationales, souvent dirigées par d'anciens hauts fonctionnaires. Donneur d'ordre et contractants se connaissaient depuis leur formation, ils appartenaient aux mêmes corps. Ce système du vase clos a fait les beaux jours d'entreprises comme la fameuse CGE. Les deux derniers grands plans de ce type ont été l'équipement de la France en téléphonie filaire, remarquable, qui s'est terminé dans les années 1980, et celui des centrales nucléaires, achevé dix ans plus tard. Nous devons à ces heures glorieuses les grandes réalisations françaises, dont certaines ont été exportées. Seul le secteur de l'armement a conservé cette proximité avec la puissance publique, parce qu'il échappe largement aux règles communes de la concurrence, pour des raisons de sécurité nationale évidentes. Et c'est peut-être ce qui a contribué à sa bonne santé.

Tout a changé dans les années 1980. Pour partie sous l'effet du courant idéologique libéral planétaire, qui proscrivait le rôle de l'État, jugé inefficace et coûteux. Pour partie à cause de la construction du marché unique européen – l'Acte unique est signé en 1987, et mis en œuvre au 1er janvier 1993. La politique industrielle « à la française » est alors honnie, au nom de la défense du contribuable – on veut éviter les dépenses inutiles – et surtout du consommateur. S'il fallait résumer la construction européenne économique en quelques mots, ce serait : accroître la concurrence pour faire baisser les prix. L'organe clé de l'Europe, la Commission, est d'ailleurs dotée de pouvoirs propres dans le domaine de la concurrence, précisément. Le collège bruxellois peut, sur instruction de ses services, condamner les États membres pour soutien abusif ou interdire les fusions entre entreprises, s'il les considère comme attentatoires au seul pouvoir absolu, celui du consommateur.

La France a eu beaucoup de mal à se faire à cette révolution politique, contraire à son histoire et à ses habitudes. En 1991, le Français Aérospatiale et l'Italien Alénia se voient interdire par Bruxelles de racheter le Canadien De Havilland, par neuf voix sur dix-sept. La décision crée un traumatisme à Paris, où même les plus europhiles imaginent que l'anti-France est à l'œuvre, derrière le commissaire britannique chargé de la Concurrence, Leon Brittan. Tous ses successeurs, comme le Belge Karel Van Miert ou l'Italien Mario Monti, auront une relation difficile avec les Français, toujours soupçonnés de ne pas accepter les règles du marché.

À l'époque, alors que le soutien direct aux entreprises est proscrit, la politique industrielle est remplacée par le travail sur la compétitivité. Compression des coûts salariaux, baisse des impôts frappant les entreprises et les entrepreneurs, allégement de ce que les Anglais appellent le « *red tape* », c'est-à-dire les obstacles réglementaires et bureaucratiques à la vie des affaires : voilà à quoi se résume l'action des gouvernements en matière industrielle. Et l'on espère que cela va suffire. Ce n'est pas toujours faux : l'Irlande et l'Europe orientale, qui ont massivement baissé leurs impôts et assoupli leurs réglementations sociales, deviennent très attractives pour l'industrie. La France, grâce à sa position centrale en Europe et à un réseau d'infrastructures de transport qui permet de desservir facilement le continent, sauve les meubles. Mais il s'agit bien souvent d'investissements dans la logistique, dont les emplois ne parviennent pas à compenser le flot sortant des délocalisations industrielles.

C'est encore une fois l'épidémie qui change la donne. Lorsque nous prenons conscience que 80 % des principes actifs des médicaments, y compris de produits aussi courants que l'antalgique Doliprane, sont fabriqués en Chine et en Inde. Ou que depuis vingt ans, la Chine accumule les intérêts dans les mines de terres et métaux rares, en Afrique notamment, et qu'elle s'est dotée des plus importantes capacités de raffinage pour ces produits indispensables à la transition énergétique, parce qu'ils servent à fabriquer les batteries nécessaires au stockage de l'électricité. Ou encore que la plus grosse économie du continent, l'Allemagne, est dépendante de la Russie à près de 50 % pour la fourniture de son gaz. Les pays européens redécouvrent alors que l'intérêt du consommateur ne doit pas être le seul objectif d'une politique économique. Dans les trois cas évoqués plus haut, le consommateur était certes gagnant, car il achetait le Doliprane au meilleur prix, tout comme la batterie de son véhicule électrique et le gaz de son chauffage. Mais derrière ces prix bas, il y a une autre facture, invisible, bien plus problématique : la dépendance. Pour un bénéfice de court terme, les entreprises concernées, pharmaceutiques ou énergétiques, se sont mises dans la main des Chinois ou des Russes, avec le risque que ceux-ci ferment le robinet un jour ou l'autre, alors que nous avons perdu les savoir-faire et les accès aux matières premières.

Dans bien des domaines, nous avons échangé un profit immédiat contre une dépendance de long terme. La redécouverte de cette évidence est capitale pour les années qui viennent. Elle devrait déboucher sur la reconstruction de filières industrielles que nous avons laissé s'éparpiller par négligence, en laissant faire la loi du marché. C'est la grande révolution des temps qui s'ouvrent, qui sera favorable à la réindustrialisation de nos pays développés : le marché ne marche pas lorsque les rivalités géopolitiques prennent le dessus sur le seul calcul économique. À quoi sert de payer peu si c'est pour s'exposer à la pénurie ou aux chantages de tous les méchants de la planète ?

De façon subreptice, nous sommes en train de rabaisser l'intérêt du consommateur et la concurrence dans la hiérarchie de nos priorités. Et c'est normal, car il s'agit de valeurs de beau temps. Lorsque les tempêtes se succèdent, le libéralisme est à peu près aussi utile qu'un fusil en plastique face à un AK 47. Qu'on imagine ce qu'il en aurait été si on l'avait laissé jouer pour la distribution des vaccins en Europe ! Seuls auraient été servis les grands marchés payant le plus cher, et peut-être même seulement les consommateurs les plus riches.

D'où le retour de l'État, vu comme le garant de l'intérêt général et de l'intérêt de long terme, capable d'équilibrer les considérations géopolitiques avec les intérêts économiques, quitte à neutraliser ces derniers lorsqu'ils font obstacle à l'indépendance. En clair, mieux vaut payer un produit plus cher pour ne pas subir un rapport de force. Telle est la nouvelle mondialisation.

L'illustration de ce changement, c'est l'implantation de l'usine de semi-conducteurs à Grenoble annoncée en juillet dernier, dans le cadre du sommet « Choose France ». D'un strict point de vue économique, cette unité de fabrication n'est pas indispensable. Car les Coréens, les Chinois, les Taiwanais, les Américains... dépensent des centaines de milliards pour accroître leurs capacités de fabrication à terme de trois ans, qui vont inonder le marché mondial, et certainement faire chuter les prix. Ce marché est en effet très cyclique. Mais l'expérience de la pénurie subie depuis dix-huit mois, qui a ralenti nos usines automobiles, et la possibilité d'un conflit militaire à Taiwan, le plus gros producteur mondial, rendent raisonnable un tel investissement à contre-cycle, pour réduire notre dépendance. Quitte à ce que les pouvoirs publics, État et région, le financent en partie.

Idées reçues

La réindustrialisation du pays est donc à portée de fusil. Encore faut-il se débarrasser de plusieurs idées reçues. La première voudrait que l'État gagne à tous les coups, alors que cette nouvelle politique industrielle est bien sûr un art d'exécution. Contrairement à ce qu'estiment les souverainistes, l'État n'est pas infaillible. D'abord parce que les décideurs publics, responsables politiques, sont eux aussi soumis à la dictature du court terme. Non pas celle de la rentabilité, mais celle de la prochaine élection, qui peut aveugler au moins autant. Ensuite, ils ont la haute main sur une caisse inépuisable, celle de l'État et de sa dette, ce qui leur permet de s'entêter dans des impasses technologiques, alors que le privé est davantage tenu par la contrainte économique. Le désir d'être réélu associé à la possibilité de dépenser sans contrainte peut inciter à faire pas mal de bêtises… Sans même aller jusqu'à ces extrémités, l'État est parfois pris dans un champ de contraintes préjudiciable aux entreprises qu'il supervise. Ainsi a-t-il affaibli EDF en lui imposant de payer dix milliards d'euros pour financer le bouclier tarifaire, juste au moment où ses centrales nucléaires, victimes de la corrosion, sont à l'arrêt. Au total, seule l'entreprise publique aura payé sous cette forme une forte taxe sur les « superprofits », alors que Total et Engie en ont été épargnés, parce que l'État n'a pas la main sur eux.

Quant aux innovations industrielles, Élie Cohen note fort justement que la liste des échecs initiés par l'État est aussi longue que celle de ses succès[4]. Pour le TGV ou les centraux téléphoniques d'Alcatel, combien d'éléphants blancs ? Comme l'Aérotrain, ce projet de train sur coussin d'air imaginé par Jean Bertin dans les années 1960, qui avait bénéficié de l'appui des pouvoirs publics, avant d'être abandonné avec son rail dans la région d'Orléans. Ou le Minitel, terminal internet préhistorique inventé par la direction générale des Télécommunications, toujours soutenu bien après l'arrivée du Web, alors qu'il s'agissait à l'évidence d'une voie sans perspective. En clair, l'État n'a pas la martingale.

Autre idée reçue, celle qui voudrait que les usines disparues reviennent au pays. Pour une unité rapatriée de Chine, fabriquant le principe actif du paracétamol, qui sera installée en 2023 dans l'Isère, les centaines, les milliers d'ateliers textiles ou électroniques partis en Asie ne reviendront pas. Parce que les produits qu'ils fabriquent ne sont pas stratégiques, et que l'écart de coût du travail avec l'Europe reste considérable. Tout au plus seront-ils transférés de Chine au Vietnam, le nouvel eldorado de la délocalisation, grâce à ses salaires faibles et à sa relative neutralité géopolitique. La vraie bataille de la relocalisation ne réside pas dans le retour ateliers disparus, mais dans l'installation de nouvelles unités.

Nouvelles unités qui ne seront pas aussi fécondes en création d'emplois que les usines d'Henry Ford au début du XXᵉ siècle. Un simple calcul nous donne une idée de l'intensité en emploi de l'industrie moderne. Depuis le début du sommet « Choose France », douze milliards d'euros d'investissement ont été annoncés, créant vingt et un mille emplois. Pour chaque emploi créé, il faut donc un investissement de cinq cent soixante-dix mille euros… Considérable. On comprend ici qu'on ne saurait occuper un pays avec ces activités *high-tech*. Parce qu'elles sont largement automatisées – c'est à ce prix qu'elles sont compétitives. Il faudrait même aller plus loin dans l'automatisation. En 2021 l'Europe n'a installé que soixante-quinze mille nouveaux robots. Un chiffre en augmentation de 15 % par rapport à l'année précédente, mais très inférieur à celui de l'Asie, trois cent cinquante-quatre mille robots pour la même année, selon l'International Federation of Robotics. Soit les trois quarts des machines installées dans le monde cette année-là.

Protéger les frontières

Pas d'illusions, donc. La réindustrialisation est nécessaire, mais elle ne résoudra pas tous nos problèmes. Et elle ne sera pas si facile à mettre en œuvre. Car la politique industrielle efficace procède d'une délicate association entre le public et le privé, pour régler finement les interactions entre l'architecte, l'État, et les entreprises. Le modèle du moment est celui de la BARDA. Soit. Mais la création d'une telle entité suppose que l'État possède des compétences technologiques pointues, comme on en trouve encore aujourd'hui seulement à la Délégation générale de l'armement, qui joue le rôle de la BARDA dans son secteur. La nouvelle politique industrielle suppose donc de modifier en profondeur le recrutement des agents de l'État, et de les faire monter en compétences sur des sujets pointus comme les batteries ou l'hydrogène. Non seulement le recrutement d'ailleurs, mais aussi le salaire et la carrière, de façon à attirer les ingénieurs qui sont désormais très loin de penser à l'État ou d'envisager lui dévouer une partie de leur vie professionnelle. Ce n'est pas impossible ; le succès remarquable de Bpifrance, créée il y a dix ans, démontre qu'un organisme parapublic géré avec de l'expertise et de la rigueur peut faire merveille pour soutenir la croissance des PME et des entreprises de taille moyenne françaises.

L'autre champ d'action de cette politique industrielle « *New Age* » est bien sûr la recherche fondamentale. Il n'y a plus qu'un pas du labo à l'usine du futur. Les trois premiers vaccins disponibles, ceux d'Astra Zeneca, de Moderna et de Pfizer, sont tous nés dans les éprouvettes des universités. Astra a ainsi profité des recherches d'Oxford, au Royaume-Uni. Moderna a été créé par d'anciens chercheurs du MIT de Boston, aux États-Unis. Et Pfizer a industrialisé la solution inventée par deux scientifiques de l'université de Mayence, en Allemagne. Le niveau des chercheurs français est bon, mais ceux-ci sont souvent contraints de s'exiler pour conduire leurs travaux, faute de moyens. Les déclarations d'Emmanuelle Charpentier, prix Nobel de chimie, était de ce point de vue consternantes, lorsqu'elle a expliqué qu'elle n'aurait jamais pu obtenir la prestigieuse distinction si elle était restée chez nous, faute des ressources qu'elle a obtenues en Allemagne…

La recherche publique française s'est paupérisée de façon dramatique depuis vingt ans. Elle est victime d'un double mal. D'abord les préventions réciproques du monde de l'entreprise et des chercheurs eux-mêmes, qui compliquent, sinon interdisent les passerelles entre les deux univers, pourtant vitales pour l'économie du pays. Et les restrictions budgétaires assorties de contraintes bureaucratiques, exactement comme à l'hôpital. Mais, contrairement à l'hôpital, la recherche n'intéresse pas le grand public, parce que les conséquences de son déclin ne lui sont pas immédiatement perceptibles. Lors de la précédente élection présidentielle, pas un candidat ne s'est préoccupé de ce secteur, sinon en annonçant des objectifs de dépense très vagues et bien sûr non financés. Il faut tout de même mentionner le Programme d'investissement d'avenir (PIA), initié par Nicolas Sarkozy il y a près de dix ans, repris et développé par ses successeurs. Le PIA aura quand même mobilisé cinquante-sept milliards d'euros sur cette période.

La troisième composante essentielle de l'action industrielle publique, c'est la protection aux frontières. Soutenir un secteur pour le laisser se faire ratisser ensuite par une concurrence chinoise non contrôlée, c'est verser de l'eau dans le tonneau des Danaïdes. L'exemple du solaire en témoigne. Faute de mesures tarifaires aux frontières de l'Europe, les entreprises européennes du panneau solaire ont été tuées par une concurrence chinoise qui cassait les prix. Total, qui avait racheté l'Américain Sunpower dans la perspective du développement de ce marché, a été contraint de renoncer, et de vendre… à des Chinois ! Le même problème se posera demain avec les batteries automobiles. L'Europe est en train de se couvrir d'usines dans ce domaine, mais comment résisteront-elles au dumping ? Là encore, nous sommes d'une naïveté coupable. En Chine, pas une voiture électrique étrangère ne peut se vendre si elle n'est pas équipée d'une batterie produite localement. Rien de tel chez nous. Aux États-Unis, la législation du « Buy American Act » permet de privilégier les fournisseurs américains pour les commandes publiques. Rien de tel chez nous.

C'est ici la question de l'Europe qui est posée. Car c'est à l'Europe qu'appartient la gestion de nos frontières commerciales. Il y a bien un projet de taxe carbone aux frontières, censé pénaliser les produits industriels extra-européens – ciment, acier, engrais… – dont la fabrication émet trop de carbone. L'initiative est louable. Mais elle est très complexe à mettre en œuvre. Comment contrôler sérieusement les processus de fabrication à l'autre bout de la Terre ? Et si l'on étend cette taxe à des produits industriels faits de plusieurs pièces provenant de plusieurs pays différents, l'équation est insoluble. Enfin, à y penser sérieusement, si un panneau solaire fabriqué dans le Zhejiang nous pose problème, ce n'est pas seulement parce que son bilan carbone est mauvais. C'est tout simplement parce qu'il est chinois. Quand bien même les Chinois fabriqueraient-ils en respectant les normes environnementales de l'Europe, ce qui arrivera plus vite qu'on ne le pense, avons-nous intérêt à ce qu'ils soient nos fournisseurs exclusifs et qu'ils condamnent à la faillite nos producteurs ?

Cette idée de bon sens est la clé de la politique industrielle : pas de soutien sans protection vis-à-vis des concurrents étrangers, quel que soit l'avantage prix qu'ils possèdent. Ici encore, il faut faire dégringoler l'intérêt financier du consommateur du sommet où nous l'avions installé dans les années 1980, au moment de la création du Marché unique, pour le ramener à son juste niveau.

L'Europe est-elle capable d'une telle révolution mentale ? On peine parfois à le croire lorsqu'on entend la commissaire à la Concurrence Margaret Verstager, gardienne des traités. L'obstination de l'Europe s'explique non seulement par l'arriération des esprits, toujours dominés par une idéologie désuète, celle du libre-échange, mais aussi par un atavisme propre aux Européens. L'Union, et la Communauté avant elle, se sont construites sur la négation des frontières et de la préférence nationale. Le Grand Marché n'a pas d'autre finalité que de faire disparaître les marchés nationaux. Revenir sur ce principe fondateur, estiment les dirigeants de Bruxelles, ce serait ouvrir la porte à la désarticulation et aux forces centrifuges. C'est évidemment dommage, car à la préférence nationale pourrait, devrait, se substituer la préférence communautaire, qui aurait pour effet, non pas de désarticuler l'Europe, mais de la renforcer. Surtout alors que le monde se reconstruit en grands ensembles sur des clivages géopolitiques.

Jusqu'ici, c'est Berlin qui a toujours bloqué l'érection de protections commerciales et tarifaires aux frontières, parce que cela heurtait ses intérêts d'exportateur. L'Allemagne craignait les mesures de rétorsion qui l'auraient empêchée d'exporter en Chine ou aux États-Unis, et qui auraient interdit l'accumulation de ses centaines de milliards d'euros d'excédents commerciaux. Les Allemands ont été, sur ce plan, les grands gagnants de la mondialisation, avec l'autre puissance commerciale, la Chine. Mais tout change. Avec la partition du monde et la crise de l'énergie qui va frapper l'Allemagne plus durement que les autres, ses intérêts vont évoluer. Peut-être reconnaîtra-t-elle les avantages de la constitution d'une zone commerciale qui ferait varier le niveau de ses « écluses » commerciales en fonction de sa vulnérabilité et des liens avec tel ou tel partenaire.

La question de l'ouverture des marchés publics est exactement la même. Elle est tout aussi sensible pour l'Europe, parce qu'elle touche aussi à la préférence nationale honnie. Il faudrait, là encore, un *aggiornamento* qui permette de mettre en place un « Buy European Act », à l'instar de ce qui se pratique aux États-Unis et en Asie, en Chine notamment. Le consommateur s'en trouverait sans doute pénalisé par des prix plus élevés, mais est-ce si grave ? C'est le prix de l'indépendance et de l'emploi industriel. La Suisse, un pays modèle sur le plan du développement et du niveau de vie, pratique ce protectionnisme assumé, qui débouche sur un équilibre macro-économique très différent du nôtre : prix intérieurs élevés et salaires élevés, dans l'industrie et l'agriculture.

Plusieurs signaux témoignent d'une évolution du dogme européen. La crise sanitaire a tout d'abord contraint Bruxelles à suspendre les règles de concurrence qui interdisaient les aides d'État, de façon à ce que chacun des gouvernements puisse soutenir ses entreprises pendant les confinements. C'était une première brèche, à la faveur d'événements exceptionnels. Le grand plan de relance au financement mutualisé, lui aussi déclenché par le Covid, a réhabilité l'idée de politique industrielle, en affectant les milliards aux secteurs industriels émergents et à la transition énergétique. La coordination de la production de vaccins et leur distribution dans tous les pays a ouvert la possibilité de la création d'une BARDA européenne, qui renforcerait la sécurité du continent sur le plan pharmaceutique et thérapeutique. En résumé, l'épidémie a fait progresser l'Europe, en lui permettant de quitter ses vieux habits.

La prochaine crise, énergétique, sera encore plus sévère avec les vieilleries bruxelloises. Elle va les faire voler en éclats. La politique de l'énergie pour ouvrir le marché à la concurrence se solde par un échec retentissant, puisque les Européens subissent à la fois des prix élevés et un risque de pénurie. C'est une politique pour temps calme, qui ne fonctionnait que lorsque gaz, pétrole et électricité étaient abondants et que les fournisseurs étaient substituables d'un simple clic de souris. Dans un monde de ressources rares, et c'est le nôtre désormais, elle ne garantit pas la sécurité indispensable pour ce bien essentiel qu'est l'énergie. Les États vont donc reprendre la main pour reconstruire les filières avec le nouvel impératif de décarbonation. La renationalisation d'EDF et celle du géant gazier germano-finlandais Uniper ne sont que les premières étapes de cette transformation. Sans compter que l'électrification générale de l'économie va demander des investissements publics gigantesques. Rien qu'en France, le réseau électrique, le plus grand d'Europe, augmente chaque année autant que pour faire le tour de la Terre. Là encore, cela va faire monter les prix. Si le citoyen et ses représentants reprennent le contrôle, le consommateur va trinquer. Mais ce n'est qu'un moindre mal au regard de l'avenir.

3.

Bienvenue à l'inflation !

À l'été 2022, neuf pays de la zone euro connaissaient une inflation à deux chiffres, alors que la moyenne de l'Union monétaire grimpait chaque mois comme la Seine sous les pieds du zouave de Paris. Sans précédent depuis quarante ans. Les journaux télévisés multipliaient les sujets sur le pouvoir d'achat qui s'érode, et on a même retrouvé l'usage d'une métaphore plus entendue depuis longtemps : « la valse des étiquettes ».

Face à cette résurgence, les responsables politiques, et économiques ont un temps adopté l'attitude traditionnelle qu'ils prennent toujours face à une surprise qui contrarie les modes de pensée dominants : le déni. La hausse des prix n'est qu'un phénomène transitoire, ont-ils dit. Un hoquet, causé par des événements exceptionnels comme l'épidémie et la guerre d'Ukraine, après lequel nous retrouveront le sage lit de nos habitudes.

C'est peu probable. L'inflation, si elle est mise au jour brutalement par ces faits imprévisibles, est la résultante de longues évolutions, qui se tenaient silencieuses ces dernières années. Exactement comme une révolution politique ou sociale, elle va opérer de puissants transferts de richesse dans nos sociétés. Et tant mieux.

La France n'a guère de culture dominante en matière d'inflation. Elle a connu deux alternances depuis 1800. En gros, une par siècle. En 1803, Napoléon crée le franc germinal, défini par son poids fixe en or, pour remédier aux désordres monétaires et financiers de la Révolution. Le franc ainsi défini restera en vigueur jusqu'en 1914, et servira même de référence à l'Europe, en particulier au moment de l'Union latine, une sorte de préfiguration de l'Union monétaire actuelle. C'était l'équivalent du Deutsche Mark des Trente Glorieuses – une ancre. Cette rigidité monétaire de la France se traduit par de longues périodes de baisse des prix, la déflation. Alfred Sauvy note ainsi que les prix de 1913 sont inférieurs à ceux… de 1820 ! Le franc est alors le centre fixe d'un système économique autour duquel gravitent tous les acteurs de l'économie, à charge pour eux de s'adapter à l'immuabilité sacrée de la monnaie. Au prix de violentes récessions et de baisses de salaire : quand la monnaie ne bouge pas, c'est tout le reste qui fluctue, quelles qu'en soient les conséquences sociales.

Le franc à quatre sous

L'ancre ne résiste pas à la première guerre mondiale et au formidable endettement qu'elle déclenche. C'est la première alternance, qui fait débuter la longue inflation du XXe siècle. En 1928, Poincaré tente de stabiliser la monnaie nationale au prix d'une dévaluation de 80 %. Le franc vaut alors un cinquième de ce qu'il pesait en or en 1913 – c'est pour cela qu'on le surnomme « le franc à quatre sous », quatre sous valant vingt centimes, soit 20 % de la monnaie d'avant-guerre. La crise de 1929 intervient, la France s'accroche au Poincaré comme un radeau dans la tempête, asphyxiant son économie. C'est Léon Blum, en septembre 1936, qui dévaluera enfin. Et la flambée des prix se poursuit. Entre 1913 et 1939, ils seront multipliés par près de huit, toujours selon Alfred Sauvy. La seconde guerre n'arrange rien. Au sortir du conflit, la France connait trois années de hausse des prix supérieure à 40 %. Et elle enchaîne avec l'inflation vive des Trente Glorieuses, des progressions annuelles à deux chiffres. La monnaie est alors la variable qui encaisse tous les chocs. En 1971, les États-Unis décrochent le dollar de l'or ; c'est le flottement généralisé, qui accroit l'instabilité des changes et des prix – le bazar.

Ça n'est que dans les années 1980 que commence la seconde rupture, inverse, avec le retour de la désinflation. L'action résolue des banques centrales, qui freinent délibérément l'investissement et la consommation pour calmer la demande ; les débuts de la mondialisation, qui accroît la pression concurrentielle dans tous les secteurs ; la montée du monétarisme et de l'idéologie libérale ; l'influence croissante en Europe de l'Allemagne, qui a fait un dogme de la stabilité monétaire… Tout cela concourt à faire chuter la hausse des prix à partir du milieu des années 1980.

La décrue est si forte qu'elle bouleverse le comportement des acteurs économiques. En 1992, le bimensuel économique *L'Expansion* fait sa une avec un code-barres sous lequel s'inscrit la révolution qui commence : « Vivre sans l'inflation ! » C'est à cette époque que, sous l'influence monétariste allemande, l'Europe commence les préparatifs de l'Union monétaire, avec le fameux traité de Maastricht. Y figure en toutes lettres un commandement adressé à tous les pays candidats : rendre indépendantes les banques centrales, de façon à les soustraire à l'influence délétère des pouvoirs politiques. On redoute en effet l'action des gouvernements, toujours prompts à enjoindre à leurs banques de créer de la monnaie, afin de financer leur réélection en arrosant les électeurs avec la dépense publique. Ce qui crée de l'inflation, nous disent les épigones de Milton Friedman.

La grande modération

Peu à peu, toutes les banques centrales d'Europe deviennent indépendantes, comme le sera leur fille, qui veillera sur la future monnaie unique, la BCE. Leur ordre de mission est sans équivoque : se méfier de l'inflation comme de la peste, afin de préserver la valeur de l'argent par rapport aux biens et aux services produits. C'est l'âge d'or du capital qui débute ainsi, en Europe mais aussi dans le monde. La chute du Mur a universalisé le capitalisme, la liberté de circulation du capital et la sanctification de la monnaie protègent les possédants au moins autant. Grâce à l'indépendance des banques centrales, en effet, les politiques économiques sont contraintes de laisser l'argent librement circuler. Le rapport de force est solidement alors tenu par le capital, face au pouvoir politique et aux forces du travail.

À partir des années 1990, les prix n'augmentent quasiment plus. Et encore, si l'éminent Alfred Sauvy avait été toujours vivant, il aurait montré qu'en réalité, certains ont même baissé – celui du téléphone portable, des ordinateurs, des voitures par exemple – compte tenu de l'amélioration extraordinaire de leurs fonctionnalités, la puissance pour les ordinateurs, la sécurité et le confort pour les voitures, etc. Le calme des prix est tel que cette période, ponctuée d'innovations puissantes touchant à l'informatique et à ses applications, héritera d'un surnom chez les économistes américains : « la Grande Modération ».

En balayant plus de deux siècles, de 1803 à 2022, on distingue donc plusieurs âges.

1803-1913, un long siècle de stabilité et de désinflation. 1914-1984, quatre-vingts ans de désordre et de fonte continue de la monnaie. 1984-2022, quarante ans de stabilité retrouvée. Une nouvelle période commence aujourd'hui, car le balancier est en train de s'inverser. L'inflation revient. Elle s'est d'abord montrée sous des dehors inhabituels, avec l'envolée du prix des actifs, les actions, l'immobilier, les cryptomonnaies comme le Bitcoin, ce qu'on appelle les NFT, pour « *non fungible token* », ces dessins numériques souvent indigents, parfois grotesques, qui atteignaient des prix délirants. Le pompon étant détenu par la série du « Yacht-club des singes qui s'ennuient », d'une qualité qu'un enfant de sept ans aurait jugée médiocre, dont un exemplaire s'est vendu trois millions d'euros. Ce n'étaient que les signes avant-coureurs.

La « vraie » inflation, la hausse des prix à la consommation, est maintenant manifeste. De quoi faire se retourner dans sa tombe Paul Volcker, le président de la banque centrale américaine, la Federal Reserve, qui avait été le premier à lutter vigoureusement contre la longue inflation de l'après-guerre, en 1979, au prix d'une forte récession.

Dès la fin de 2020, les patrons de l'industrie française avaient vu leurs capteurs s'affoler. En particulier dans l'automobile, une industrie qui se fournit en pièces détachées venant du monde entier – un véhicule moyen contient plusieurs milliers d'éléments assemblés. Jacques Aschenbroich, alors patron de l'équipementier automobile Valéo, présent dans plus de trente pays, avait alors confié à l'auteur que l'inflation était là. Ils étaient rares, ceux qui la voyaient si tôt. Ils avaient raison.

Et c'était d'autant plus méritant de voir clair que la situation de la fin 2020 semblait exceptionnelle. La planète connaissait alors une reprise synchronisée tout à fait inhabituelle. Toutes les régions du monde redémarraient en même temps, alors que les confinements étaient levés et que la pandémie semblait s'apaiser. Un vif rebond, alimenté par le « *revenge buying* », les achats de revanche, après plusieurs mois de frustration à cause de la fermeture des magasins et des restrictions de circulation. Rebond soutenu par les gigantesques plans de soutien budgétaire comme le « quoi qu'il en coûte » français. Des milliers de milliards de dollars dépensés en quelques mois, pour gonfler les revenus des consommateurs et le chiffre d'affaires des entreprises. Une économie factice, sans production sinon par écran interposé, sans transaction sinon virtuelle, avec une contrepartie omniprésente : l'État. Dès que les restrictions sanitaires ont été levées, des centaines de millions, des milliards de consommateurs ont retrouvé en même temps le chemin des magasins, avec des comptes bancaires inhabituellement garnis – rien qu'en France, les citoyens avaient accumulé au moins cent vingt milliards d'épargne supplémentaire pendant cette période.

Normalement, les reprises économiques sont progressives, elles s'étalent sur plusieurs mois. Les acteurs économiques sont comme des oiseaux qui marchent sur un étang gelé : ils avancent de façon précautionneuse. Et surtout, ces reprises ne se produisent pas en même temps sur tous les continents. C'est toujours l'Amérique qui commence, entraînant l'Asie six mois plus tard, puis l'Europe encore six mois après. L'appareil productif mondial a donc le temps de monter en puissance.

Retour des files d'attente

Rien de tel cette fois-ci. Le déclenchement brutal et simultané d'une très forte demande dans tous les pays a littéralement saturé les usines, qui n'avaient pas anticipé un tel redémarrage. Usines qui ont diffusé le choc dans toute l'économie mondiale, en mettant la pression sur leurs fournisseurs, les fabricants de pièces détachées et de matières premières… C'est ce qui explique par exemple la pénurie de semi-conducteurs. Car les capacités de production mondiales ne sont pas extensibles d'un jour à l'autre. Pour les puces électroniques, il faut trois ans pour faire sortir de terre une nouvelle usine, et cinq à dix milliards d'euros d'investissement minimum. Alors qu'avant la pandémie, n'importe quel produit pouvait être commandé d'un clic et atterrir sur notre paillasson le lendemain, nous avons redécouvert l'inertie. Les files d'attente, ce désagrément qui rappelait aux plus âgés d'entre nous l'Union soviétique et le monde communiste et que les plus jeunes n'avaient tout simplement pas connues, se sont multipliées.

La surtension de l'économie mondiale a été aggravée par plusieurs phénomènes. D'abord, la désorganisation provoquée par le Covid avait laissé des traces. Il faut parfois plusieurs semaines pour remettre en route un site de production, à cause des essais, de l'approvisionnement en matières premières, etc. Sans oublier les mesures sanitaires qui persistaient et ralentissaient parfois la production. Ensuite les entreprises, se conformant aux préceptes du management moderne, ne faisaient plus de stocks. Par souci d'économie. Produire coûte en effet cher, et le fait d'entreposer des marchandises, qu'il s'agisse de pièces détachées ou de produits finis, immobilise du capital, ce qui n'est pas recommandé lorsqu'on veut faire bon usage de l'argent. Quand les clients sont revenus, on n'était donc pas prêts à les servir. Une demande en forte hausse et une offre contrainte, il n'en fallait pas davantage pour faire monter les prix, en vertu de la bonne vieille loi de l'économie, ou plutôt de la psychologie, qui veut que lorsque le producteur a l'avantage, il en profite pour rajouter quelques unités à ses tarifs.

C'est alors qu'est intervenu un autre événement exceptionnel : l'invasion de l'Ukraine par la Russie, à la fin de février 2022. Comme la

Russie est le premier producteur mondial de matières premières et l'un des tout premiers pour le gaz et de pétrole, le cours de ces substances a littéralement explosé. La mécanique est toujours la même. Les pénuries réelles ne sont que fort rares, d'autant que l'énergie avait été initialement exclue des sanctions frappant l'envahisseur russe. Mais les intervenants sur ces marchés, intermédiaires et clients finaux que sont les sociétés d'énergie, anticipent leurs achats par crainte de perturbations. Sans compter les achats purement spéculatifs. La demande progresse donc vivement, ce qui fait monter les prix, et provoque des achats supplémentaires, de précaution ou de spéculation. C'est ainsi que le cours du gaz a été multiplié par cinq, avant une nouvelle poussée à la fin de juillet.

La montée des cours de l'énergie est bien sûr un facteur puissamment inflationniste, parce qu'il se diffuse dans toute l'économie. La poussée du cours du gaz se répercute ainsi sur le prix du poulet (les hangars où vivent les animaux sont chauffés au gaz), celui de la porcelaine (Rosenthal, fabricant allemand réputé, utilise des fours qui fonctionnent au précieux fluide) et de la coupe de cheveux – les salons de coiffure sont bien sûr chauffés eux aussi. *Idem* pour le pétrole et l'électricité : quelle est l'entreprise qui n'utilise pas l'un ou l'autre pour produire ou livrer, qu'il s'agisse d'agriculture, d'industrie ou de services ?

Encore un « cygne noir » avec cette guerre. Encore un événement exceptionnel qui alimente la flambée des prix, comme le souffle du vent sur un barbecue. Mais il ne faut pas s'y tromper. Les causes apparentes, exceptionnelles, dissimulent plusieurs révolutions concomitantes, plus profondes, qui vont faire revenir l'inflation de façon durable.

Histoire de jumelles

La première est la révolution qu'implique la fin de la mondialisation. Il y a un parallèle parfait entre les cycles du commerce international et l'évolution des prix : dans une économie mondialisée, les entreprises vont s'approvisionner au meilleur coût, et en matières premières, et en force de travail. Elles réalisent ainsi d'importantes économies, dont le bénéfice va à deux acteurs voraces, l'actionnaire et le consommateur. L'actionnaire est rémunéré sous la forme de profits et de dividendes, qui sont accrus par l'expansion internationale et surtout grâce à la mise en place de chaînes d'approvisionnement fiables et sans risque. Le consommateur prend sa dîme sous la forme de la baisse des tarifs. La chute des prix des biens industriels dans les dernières décennies, pour les vêtements, les meubles, l'automobile, l'électronique, l'électroménager… a été rendue possible par la migration des usines en Europe de l'Est ou en Asie, et les considérables économies que ces délocalisations ont permises. Qui des deux quémandeurs perpétuels, actionnaire et consommateur, a le plus profité ? C'est impossible à dire, car la proportion n'est pas la même dans tous les secteurs. La victime, elle, est connue. C'est le salarié de l'industrie, qui a vu les emplois s'envoler.

Mondialisation et désinflation, les deux sœurs jumelles, commencent au même moment, au tournant des années 1980. Elles accélèrent ensemble après la chute du Mur, dans les années 1990, avec l'intégration très rapide de la Chine dans l'économie planétaire – la transformation de l'Empire du Milieu en « atelier du monde » a été le facteur clé de la baisse des prix. Nous avons passé un pacte implicite avec les Chinois : de la croissance pour eux, du pouvoir d'achat pour nous, au prix de notre emploi industriel.

Les jumelles culminent encore ensemble, au début du XXIe siècle, alors que le libre-échange se généralise sous l'aiguillon de l'organisation mondiale du commerce nouvellement créée – on y admet la Chine en 2001. Cette histoire parallèle se poursuit sous nos yeux, mondialisation et désinflation disparaissant au même moment. La régionalisation des chaînes de valeur, la désincarcération de la Chine de l'économie mondiale vont faire diminuer la pression de la concurrence sur les industriels. Et limiter les opportunités de faire fabriquer aux meilleures conditions. Les prix à la consommation vont s'en ressentir. L'inflation revient toujours avec les frottements, frictions et conflits.

Le prix de la rareté

Deuxième facteur inflationniste, la finitude des ressources, dont les pénuries sont aussi l'expression. Il faut lui associer la question climatique, qui n'est autre qu'une limite à l'activité humaine, au moins sous ses formes les plus courantes, qui s'accompagnent d'émissions de carbone. Le développement économique sans précédent de la Chine lors du dernier demi-siècle, et de l'Inde dans une mesure moindre, fait donc converger des milliards d'individus vers les mêmes ressources limitées. Les céréales, l'énergie, l'eau, les minerais, autant de biens qu'on ne sait pas produire de façon infinie, surtout si l'on se soumet à la contrainte carbone. À un objectif de limitation du réchauffement climatique correspond une quantité donnée de carbone à émettre, qu'on ne doit pas dépasser. Blocage, là encore.

La gestion d'une quantité limitée peut s'effectuer au moyen du rationnement. Encore faut-il un pouvoir central qui maîtrise l'offre et organise la demande. Rien de tel au plan mondial, et pas même à l'échelle d'un continent, fût-il organisé comme l'Europe, sauf dans les situations extraordinaires comme l'épidémie, pour les vaccins. La seule autre méthode pour faire coïncider l'offre et la demande, c'est la hausse des prix – inflation, encore.

L'exemple du cobalt est révélateur, car son marché très déséquilibré préfigure l'évolution de nombre d'autres. Le cobalt est un sous-produit du cuivre et du nickel, qu'on utilise pour faire des batteries. Jusqu'à récemment, l'industrie informatique en était le principal client, pour les téléphones et les ordinateurs. Mais pour la première fois, en 2021, l'industrie automobile a consommé davantage de cobalt que les clients traditionnels, bien sûr à cause de l'envolée des ventes de véhicules électriques. Près des trois quarts de la production mondiale provient d'un seul pays, la République démocratique du Congo, en Afrique centrale, pour cent dix-huit mille tonnes, dans des mines qui de surcroît appartiennent largement à des intérêts chinois. Le deuxième producteur mondial, l'Australie, n'arrive pas à six mille tonnes. La demande a été telle l'année dernière qu'elle a excédé la production… Il a fallu taper dans les stocks. La production peut certes être augmentée, mais pas du tout dans les proportions qu'on pressent pour la demande.

Contrainte supplémentaire, les deux tiers des capacités mondiales de raffinage de ce matériau rare se trouvent… en Chine. En Europe, seule la Finlande fait le poids en cette matière, sans doute parce qu'elle a eu un industriel du téléphone portable, Nokia, naguère numéro un mondial.

Le stress sur le marché de ces terres rares est tel qu'une augmentation de prix de 5 à 10 % par semaine n'est pas rare. Au point que l'Amérique a décidé de réactiver une loi datant de la guerre de Corée, dans les années 1950, pour pouvoir réquisitionner les quantités nécessaires. Tesla, le constructeur auto du Texas, évoque même la possibilité d'acheter des mines, pour sécuriser ses approvisionnements… Nous butons désormais sur les limites physiques de la planète et de son écosystème : cela ne peut que faire grimper les prix des ressources naturelles indispensables à l'existence.

Tous égaux devant les problèmes

La transition énergétique est également un puissant agent inflationniste. Parce que produire et se déplacer en réduisant les émissions de carbone coûte plus cher qu'en ignorant la question climatique, comme nous l'avons fait en Occident depuis la première révolution industrielle, il y a deux cent cinquante ans. C'est manifeste avec l'exemple de l'automobile, dont les prix ont bondi en 2021-2022, parce que la part des véhicules hybrides et électriques a fortement progressé en Europe, + 61 % en 2021 pour les seuls électriques. Le prix moyen d'une Mercedes vendue en 2021 a atteint cinquante-quatre mille euros ; il n'était que de trente-huit mille l'année précédente… Pénurie de semi-conducteurs et nouveau mode de propulsion expliquent ce saut spectaculaire, que l'on observe aussi chez Audi, Renault et Stellantis, ex-Peugeot-Citroën.

Mentionnons aussi l'énergie, sans même considérer la fièvre qu'a connue le cours du gaz à cause de l'aventure russe en Ukraine. Il va falloir, pour la France seulement, réinvestir des dizaines de milliards d'euros dans un système de production décarboné, pour partie nucléaire, pour partie renouvelable. La gratuité apparente du vent et du soleil ne doit pas faire illusion. Les coûts de ces énergies sont en réalité élevés, car elles ne sont qu'intermittentes. Il faut considérer soit une énergie de complément, soit des dispositifs de stockage pour satisfaire une consommation qui n'est pas intermittente, elle. Sans oublier les surcoûts du réseau. Tous ces investissements seront payés pour partie par le contribuable, pour partie par l'usager – et il s'agit bien souvent de la même personne.

Voilà longtemps que les économistes parlaient des « externalités négatives » à propos des transports, c'est-à-dire de coûts non payés par l'utilisateur, et pourtant générés par lui. Un trajet en voiture occasionne ainsi des coûts directs pour le conducteur : le carburant, le cas échéant un péage d'autoroute, l'amortissement ou la location du véhicule, l'entretien du moteur, l'assurance. L'addition de tous ces éléments produit un prix au kilomètre. Mais il ne s'agit que d'un prix apparent, qui n'intègre pas les autres dommages que cause le déplacement d'un véhicule thermique : la pollution de l'air et les morts qu'elle occasionne, les émissions de carbone et le réchauffement climatique qu'elles provoquent. Des coûts doublement externalisés. D'abord parce qu'ils sont facturés à la collectivité, et non pas à l'utilisateur. Ensuite parce qu'ils n'interviennent que bien après l'utilisation, au moins pour ceux qui frappent l'environnement.

La transition écologique peut être interprétée comme un mouvement pour réinternaliser ces coûts et les facturer à la bonne adresse, celle de l'initiateur des dommages environnementaux. La mobilité est donc en train de rechercher son prix véritable, défini à environnement inchangé, c'est-à-dire sans dégradation supplémentaire – sans externalités. Prix bien plus élevé que ce à quoi nous étions habitués. Cette hausse s'exprime avec des produits et services plus chers, qu'il s'agisse du véhicule lui-même, du litre de carburant ou du droit de stationner une heure en centre-ville, voire du permis d'entrer en voiture dans le centre-ville (à Londres, par exemple). Elle s'exprime également sous des formes non monétaires, les embouteillages délibérément organisés par la municipalité de Paris par exemple, afin de dissuader les automobilistes de prendre leur véhicule pour circuler dans la capitale. Nul doute que ces retards ne soient, eux aussi, des facteurs d'inflation, en diminuant la productivité des livreurs, des réparateurs et des commerciaux qui ont besoin de leur voiture pour travailler. Sans oublier le stress qu'ils provoquent, et son coût pour le système de protection sociale (consultations médicales, consommation de médicaments, *burn-out*, arrêts de travail…).

La gestion des ressources rares est puissamment inflationniste. Et quand bien même il existerait un gouvernement mondial capable de rationner les quantités pour éviter la montée des prix, il se produirait le phénomène parisien aux dimensions de la planète : les pénuries et les frustrations provoquées se traduiraient par une chute de la productivité générale, c'est-à-dire une augmentation de la quantité de travail pour obtenir le même résultat – une autre forme d'inflation.

Jusqu'ici, les autorités choisissent de faire monter les prix, pour corriger les usages. D'où la taxe carbone, en France, initiée pendant le quinquennat Hollande. D'où le prix de la tonne carbone émise, un marché mis en place au plan européen, qui renchérit les coûts des industriels les plus polluants. D'où encore les normes de pollution pour les véhicules, assorties d'amendes très dissuasives pour les constructeurs dont les émissions dépassent, par véhicule neuf, en moyenne, telle quantité de carbone au kilomètre.

Mais la bataille entre le prix et le rationnement n'est pas terminée. Faute de changements de comportement plus rapides de la part des citoyens, le recours à la contrainte est désormais tout à fait envisageable, avec des restrictions de circulation plus fortes que celles qui existent aujourd'hui. Ou des restrictions dans la consommation d'énergie et ses usages. Cet automne, l'on évoquait déjà le rationnement de l'industrie en gaz à cause du conflit ukrainien. Dans ces situations de tensions sur l'offre, l'intervention de l'État peut sembler d'autant plus justifiée que la hausse des prix est très inégalitaire. Car les désagréments qu'elle provoque sont inversement proportionnels au niveau de revenu. Les riches ne souffrent pas de la montée des cours du baril ou du mètre cube. Alors qu'avec le rationnement, tout le monde est à égalité face au manque. C'est en réalité une sorte de redistribution, non pas de l'argent, mais de la contrainte.

Bulles de savon et milliards d'euros

À ces deux causes structurelles d'inflation s'en ajoute une importante, d'ordre proprement monétaire. Depuis la crise de 2008-2009 et sa réplique européenne en 2010-2012, les banques centrales occidentales et asiatiques luttent avec énergie contre le ralentissement de la croissance et, même si cela semble aujourd'hui aussi exotique qu'une chute de neige au Qatar, contre la déflation, la baisse des prix et des valeurs. Elles l'ont fait au moyen d'une technique éprouvée, l'augmentation de la masse d'argent en circulation. Elles ont ainsi créé des euros, des dollars et des yuans, et incité les acteurs économiques à les utiliser, au moyen de taux d'intérêts nuls, voire négatifs. Elles ont même financé, avec ces liquidités créées, les dettes publiques, elles-mêmes utilisées par les gouvernements pour soutenir le pouvoir d'achat avec des allocations et l'investissement avec de grands travaux. Ce système a été poussé à ses limites en 2020, lors de la première phase de l'épidémie et du confinement. En Europe, et dans bon nombre de pays du monde, les revenus des ménages et des entreprises ont ainsi été artificiellement maintenus, sans activité, avec des transferts publics financés par l'endettement auprès de la banque centrale, qui créait de la monnaie comme un enfant souffle dans une machine à bulles de savon. Des milliers de milliards de dollars et d'euros.

Il n'y avait alors que de rares grincheux pour redouter qu'à terme, le « quoi qu'il en coûte » mondial ne débouche sur une flambée des prix. C'est pourtant un invariant de l'histoire monétaire mondiale, de ses illusions et ses catastrophes. Lorsque la masse monétaire progresse beaucoup plus vite que la production de biens, les prix montent. Les observateurs ont été trompés un temps par le calme apparent des étiquettes, malgré les tombereaux d'argent déversés par les banques centrales. Calme des marchés de biens seulement en réalité, car celui des actifs a connu de violentes accélérations. Autre élément trompeur, la déflation persistante au Japon, dont la banque centrale pratiquait pourtant la création monétaire sans retenue depuis des décennies.

Il n'y avait en réalité aucune raison imaginable pour laquelle la relation fondamentale entre masse monétaire et prix aurait été rompue. Tout au plus a-t-elle été distendue de façon momentanée. Probablement à cause de la mondialisation et des évolutions technologiques, qui ont accru la concurrence sur bon nombre de marchés, et fait disparaître les intermédiaires et la dîme qu'ils prélèvent habituellement sur les échanges.

L'inflation de 2022 est donc aussi la facture du quoi qu'il en coûte, arrivée non pas comme on le pensait sous la forme de dette supplémentaire à rembourser, mais d'épargne dépréciée et de pouvoir d'achat rogné. C'est une sorte de vengeance de l'économie, contre les pouvoirs politiques et monétaires, qui ont voulu échapper aux équilibres fondamentaux. D'une certaine façon, l'on reprend ainsi aux acteurs de l'économie les sommes qu'on leur a versées « indument » pendant les confinements, alors que la production était sinon arrêtée, du moins fortement réduite.

Fin de la mondialisation, transition écologique, création monétaire intempérante, il y a là les trois causes profondes de l'inflation – bien plus durables que l'épidémie et la guerre en Ukraine. Elles devraient gagner en force dans les années qui viennent car, c'est nouveau, l'arme anti-inflation n'est plus si fatale.

Un arbre à chaussures

C'est bien sûr du côté des banques centrales qu'il faut aller voir pour le comprendre. Ce sont elles qui, en théorie, disposent des moyens de corriger les accélérations trop brusques de l'évolution des prix. En cas d'inflation, leurs manuels recommandent de remonter les taux d'intérêt, afin de renchérir le coût du crédit, et donc de ralentir la demande, ce qui apaise les tensions sur les entreprises. Du coup, les prix se calment. Il s'agit en somme de jeter un seau d'eau froide sur une activité chauffée à blanc, avec un effet secondaire difficile à éviter, la récession. On ne sait pas bien guérir une économie de l'inflation sans affaiblir encore davantage le malade. La plupart des banques centrales du monde sont désormais engagées dans la remontée des taux d'intérêt. Comme à l'habitude, ce sont les banques d'Angleterre et des États-Unis qui ont inauguré le mouvement ; la BCE a suivi à la mi-juillet.

L'autre thérapie est l'interruption des prêts indirects que les instituts d'émissions font à leurs gouvernements. Prêts qui ont été massifs, pendant la pandémie en particulier. La logique est la même. Lorsqu'il faut soutenir l'activité, la banque centrale crée de la monnaie et s'en sert pour acheter des obligations émises par le Trésor – elle finance en réalité l'État. Avec ces sommes, l'État dépense pour faire tourner l'économie – c'est le fameux « quoi qu'il en coûte » mentionné plus haut. Et lorsqu'il faut au contraire refroidir l'économie pour faire tomber la fièvre des prix, la banque suspend ces achats de titres publics. L'État a alors plus de difficultés à se financer, il réduit ses dépenses, ce qui freine l'activité.

Ces deux instruments pourraient pourtant ne pas aussi bien fonctionner cette fois-ci. Car les banques centrales se sont laissé enfermer dans un piège. À force d'avoir stimulé la demande depuis la crise financière de 2008, elles ont fait grimper la dette mondiale. Entre cette date et 2021, les engagements financiers ont progressé d'un tiers, dépassant 350 % du PIB mondial, selon les chiffres de l'Institute of International Finance, qui fait autorité en la matière. Que les banquiers centraux relèvent fortement leurs taux d'intérêt, et ils mettent à l'épreuve les bilans des États, des entreprises, des banques et même des ménages, qui portent un endettement inhabituellement lourd. Parce qu'elles feraient alors remonter la charge des emprunts – le coût du crédit – compromettant ainsi la solvabilité des agents économiques.

À l'été 2022, l'on observait déjà des fragilités dans le vaste écheveau de la finance mondiale : des faillites d'entreprises zombies comme les promoteurs immobiliers chinois, ou d'états impécunieux comme le Sri Lanka. Ce n'est que la première étape. D'autres chaussures vont tomber de l'arbre, comme le disent les financiers britanniques. Le crédit a été tellement facile et peu cher, qu'il a permis aux agents économiques de s'endetter de façon déraisonnable… C'est la loi formulée par l'économiste américain Hyman Minsky : la stabilité crée de l'instabilité. Lorsqu'ils croient être assurés par les banques centrales, les financiers prennent de plus en plus risques, comme des funambules multipliant les figures parce qu'ils ont à la ceinture une corde de rappel. À l'inverse, si les instituts d'émission se laissent impressionner par les risques de faillite et diffèrent leurs mesures restrictives, ils encouragent la poursuite de l'endettement… et laissent l'inflation s'intensifier. Ils doivent donc naviguer entre deux dangers symétriques, trop de rigueur ou pas assez, chacune de ces extrémités risquant de déclencher une crise financière.

La victoire des colombes

Pas facile de diriger une banque centrale en 2022. C'est à coup sûr le job le plus difficile de la planète. Et parmi ces quelques responsables,

Christine Lagarde, présidente de l'institution européenne, a la tâche la plus délicate. Car elle règne sur une zone euro beaucoup plus hétérogène que ne le sont les États-Unis ou la Chine, à cause de la persistance de cultures et de structures économiques très différentes dans les pays membres de l'Union monétaire. Chacune des deux moitiés de la zone euro préconise des politiques antagonistes. Au Sud, Italie et France en tête, l'on voudrait conserver un climat monétaire accommodant qui permette de poursuivre sans risque l'endettement public et, pour la France, le délire de l'État-providence qui ne laisse plus passer une semaine sans inventer une nouvelle aide. Au Nord, en Allemagne et aux Pays-Bas, on souhaite au contraire serrer les freins. D'abord parce que ces pays ont à peu près remis en ordre leurs comptes publics, et ils ne veulent pas payer, *via* l'Union monétaire, pour le laxisme des autres. Ensuite parce que nombre de retraités du Nord de l'Europe ont vu leurs revenus chuter avec la baisse des taux d'intérêt, qui a fait diminuer le rendement de leurs placements.

Christine Lagarde et son conseil de politique monétaire vont devoir choisir. Satisfaire le Nord, ou bien le Sud. C'est-à-dire forcément mécontenter une partie de l'Europe, et augmenter les tensions politiques, ce qui a toutes chances de faire craquer les marchés financiers.

Il en est ainsi pour l'Union monétaire, qui est un vêtement trop petit pour les grands et trop grand pour les petits. Le rapport de force entre les deux moitiés du continent s'est inversé, au fil des années. Il y a vingt ans, les Allemands et leurs satellites faisaient la loi, car les autres n'osaient pas contrarier un peuple qui avait fait le sacrifice de son Deutsche Mark adoré. C'est fini. Plus le temps passe, plus le camp du Sud pèse lourd dans les décisions. Les colombes l'ont emporté sur les faucons. Avec un argument qui n'est pas très honorable, mais qui est très efficace, celui de l'« *human bomb* » : si nous tombons, nous allons vous emporter dans notre chute. Et il est vrai que l'effondrement de l'Italie signerait sans doute la mort de l'Union monétaire européenne. Il y a donc fort à parier que notre présidente de Francfort s'en tiendra à une politique monétaire qui ne risque pas de faire tomber le « Club Med », ce groupe des pays du Sud, France comprise, ainsi désigné par les Allemands rigoristes il y a trente ans.

Trébuchet moderne

Tous les signes pointent donc vers une inflation durable, contre laquelle nous n'aurons que peu d'antidotes. Jusqu'où cela peut-il aller ? Peut-on croire au retour des temps décrits par les témoins de l'hyperinflation et du cortège de désordre sociaux et politiques qui l'accompagnent toujours ? C'est peu probable, mais ça n'est pas impossible. L'enseignement principal des temps actuels est la rapidité incroyable du basculement que nous avons connu de la déflation vers l'inflation, de la baisse à la hausse des prix. Il a suffi d'un événement exceptionnel, la guerre en Ukraine, pour cristalliser le retournement.

Sur le fond, la création d'argent incessante et démesurée que nous avons faite depuis quinze ans témoigne de notre propension collective à « avilir » le signe monétaire, pour jouir des avantages du crédit. Frédéric Bastiat, l'économiste français libéral du XIXe siècle, définissait le crédit comme la rencontre du travail d'hier avec celui de demain : celui qui prête utilise son épargne, le fruit du travail passé, contre intérêt. À l'inverse, celui qui emprunte devra se mettre à travailler demain pour rembourser. Dans le cas de figure actuel, nous empruntons collectivement des sommes considérables, mais il n'y a pas de contrepartie : personne n'a accumulé l'énorme capital que nous sollicitons. Et nous en sommes réduits à tirer sur le crédit, au sens propre et figuré, de la monnaie, c'est-à-dire la confiance qu'elle inspire. Mais cette confiance n'est pas inépuisable. Lorsqu'elle disparaît complètement, c'est l'hyperinflation qui pointe. On pourrait avancer que l'inflation mesure, de façon inversée, la confiance dans la monnaie. L'hyperinflation ne serait jamais alors que l'aboutissement, l'étape ultime, d'un processus déjà engagé. Et qu'on trouve toujours de bonnes raisons de poursuivre : la récession, l'épidémie, le conflit russe, le changement climatique… Les occasions de dépenser sont bien plus séduisantes que celles pour économiser, chacun d'entre nous fait cette expérience de façon quotidienne.

Peut-être l'essor des cryptomonnaies, ces monnaies virtuelles, informatiques, n'est-il que la conséquence d'un sentiment diffus, la crainte du « débasement » des monnaies officiclles comme l'euro ou le dollar. Débasement, ou perte d'assise, de crédibilité, qui affaiblit la monnaie lorsqu'on en fait un usage immodéré. Il est vrai que la cryptomonnaie la plus célèbre, le Bitcoin, a perdu plus des deux tiers de sa valeur au printemps 2022, comme la plupart de ces devises virtuelles. Mais ce krach n'enterre ni les usages, ni la technologie, il ne fait que refermer une phase de spéculation. Sans doute inaugure-t-il le vrai début des bitcoins et autres monnaies électroniques, tout comme le krach internet de 2001 avait séparé le grain de l'ivraie et coïncidé avec le démarrage à grande échelle des sites les plus solides. Il y aura des monnaies privées, c'est inévitable dans une époque où le signe monétaire public est démultiplié au point de perdre sa valeur. De nouvelles offres, privées, vont émerger, aux côtés du bon vieil or, pour conserver l'épargne accumulée – le fruit du travail passé, pour reprendre les termes de Bastiat.

De nombreux précédents à ces troubles existent dans l'histoire économique et monétaire. De tous temps, souverains et gouvernements ont eu la tentation de dépenser plus qu'ils n'avaient, en créant de la monnaie. Et de tous temps, l'on a tenté de mettre en place des contrepouvoirs. Le trébuchet tout d'abord, cette petite balance destinée à mesurer le poids d'or véritable d'une pièce – d'où les « espèces sonnantes et trébuchantes ». Plus récemment, l'émancipation des banques centrales, de façon à éloigner la gestion monétaire des mains faibles de responsables politiques toujours désireux de se faire réélire en faisant chauffer la planche à billets. Sans doute les règles inaliénables des cryptomonnaies – l'impossibilité technique de créer autant de bitcoins qu'on le souhaite – sont-elles le trébuchet moderne.

Ardoise magique

Quoi qu'il en soit, l'inflation va changer profondément notre monde. Si même nous nous en tenions à 5 à 10 % de hausse des prix l'an, ce serait un bouleversement, avec l'inversion de rapports de force que nous croyions solidement établis. On l'a vu au cours du précédent chapitre, le rapport de domination entre le consommateur et le producteur est en train de se retourner, en faveur du second. L'inflation accentue encore le mouvement, parce qu'elle donne toujours la main à celui qui vend, par rapport à celui qui achète. Tant mieux pour les producteurs, qui vont retrouver le « *pricing power* », cette capacité à faire son prix en fonction de la demande. Qui seront moins contraints de délocaliser – ils ne le pourront d'ailleurs plus aussi facilement.

Inversion encore dans le rapport de force entre le débiteur et le prêteur. Car les périodes d'inflation permettent en général de s'endetter sans avoir à rembourser sa dette. Les mensualités d'un crédit étant fixes, elles sont en effet rapidement dévaluées par l'érosion monétaire et la progression des salaires. C'est ainsi que la génération des *baby-boomers* avait pu se constituer un patrimoine immobilier en remboursant en monnaie de singe, dans les années 1960 et 1970. Patrimoine qui s'est ensuite valorisé au-delà de toute mesure, grâce... à la disparition de l'inflation !

On retrouve ici une caractéristique essentielle de l'inflation : elle sert à faire fondre les dettes. Laisser augmenter les prix et les salaires, c'est une façon de faire défaut sans le dire. Car le prêteur est victime de ce qu'on appelle « l'illusion monétaire ». En apparence, il est remboursé à l'euro près. En réalité, les euros n'ont plus la même valeur, ils ont perdu de leur pouvoir d'achat réel. Le passage du temps spolie le prêteur, et avantage l'emprunteur. Une fonte de la monnaie évidemment bien utile après l'envolée de l'endettement – exactement ce que nous connaissons depuis quinze ans, en particulier dans la sphère publique, avec la progression des dettes de l'État. Comme dans le jeu de l'ardoise magique. L'extraordinaire quantité de dettes que notre époque a accumulée pourrait bien se résorber de façon inattendue, non pas avec une crise financière, mais grâce à la contraction de la valeur réelle de ces engagements, au moyen de la hausse des prix.

En 2022, on commence à observer ce phénomène. Le stock français de dette publique, mesuré en proportion du PIB, a légèrement diminué, passant de 114 à 111 % de sa valeur totale, sans que la France ait fait aucun effort d'économie, bien au contraire. Tout simplement parce que le PIB a progressé, sous l'effet de la croissance et de l'inflation qui a fait grimper les chiffres d'affaires, indépendamment même de la croissance. Avec une inflation comprise entre 5 et 10 % l'an, le niveau d'endettement public diminuera rapidement. L'opération semble s'effectuer sans victime apparente ; il n'en est rien. Car il y a bien quelqu'un qui paie pour la disparition de la dette :

ce sont les prêteurs, notamment les épargnants, qui sont remboursés de leur créance dans une monnaie au pouvoir d'achat sensiblement amoindri, même si elle est augmentée des taux d'intérêt.

La stabilité de la monnaie favorise les détenteurs de capital et les épargnants, c'est-à-dire plutôt les générations âgées, tandis qu'une monnaie filante avantage plutôt ceux qui s'endettent pour investir ou acheter leur logement, c'est-à-dire plutôt les jeunes générations. La monnaie stable préserve le passé, le résultat du travail accumulé sous la forme d'épargne, la hiérarchie sociale, alors que la monnaie fondante le détruit. Or, tout le monde n'a pas intérêt à conserver le passé : seuls ceux qui ont leur avenir derrière eux y sont attachés.

L'inflation est donc structurellement favorable aux jeunes et, de façon symétrique, défavorable aux vieux. Il suffit, pour s'en convaincre, d'observer la richesse relative des générations. Dans les années 1970, puissamment inflationnistes, le taux de pauvreté le plus élevé se trouvait chez les plus âgés. Quarante ans plus tard, dans un monde sans inflation, il est au contraire chez les 18-24 ans, trois fois plus haut que celui de la génération la plus à l'aise financièrement, les 60-69 ans. L'amélioration pour les séniors s'explique bien sûr par la montée en puissance du système de retraite par répartition français, mais aussi par la position extrêmement favorable de cette génération par rapport à la hausse des prix. Quand elle était jeune, elle a pu se constituer un capital à bon compte grâce à l'inflation. Et alors qu'elle arrivait à maturité, l'inflation s'est assagie, permettant une meilleure rentabilité du capital, immobilier en particulier. Nous sommes probablement à la veille d'une nouvelle inversion.

L'opposition entre les vieux et les jeunes recoupe largement un autre couple dans lequel le rapport de force change, possédants contre démunis, détenteurs de capital contre force de travail. Le capital s'entendant au sens large, c'est-à-dire intégrant l'épargne. Toutes les périodes d'inflation ont vu la défaite des épargnants, dont le bas de laine a été mangé par la hausse des prix. Alors que les revenus du travail sont en général mieux revalorisés. La richesse relative des uns chute, alors que celle des autres progresse. L'inflation est une machine à redistribuer les richesses, bien plus puissante que la fiscalité et l'État-providence. Et sa force est redoublée par le fait qu'elle agit de façon silencieuse, sans transfert apparent, grâce à l'illusion monétaire.

Pour résumer, l'inflation va opérer un profond bouleversement des rapports de force dans l'économie. Le producteur va reprendre la main sur le consommateur, le salarié sur l'épargnant et les jeunes sur les aînés. Une révolution égalitariste, que pas un pouvoir politique, même le plus radical, ne peut conduire en si peu de temps et avec autant d'efficacité.

Le cycle du mistigri

Tout cela, pourtant, reste suspendu à une question primordiale : l'indexation des revenus sur les prix. Faute de quoi, nous sombrerions dans un autre scénario, celui de la crise sociale. Jusqu'à l'été 2022, malgré les boucliers tarifaires, chèques alimentaires et autres subsides publics destinés à compenser la morsure de l'inflation, les salariés payent une bonne partie du choc. En France, les rémunérations n'ont augmenté jusqu'ici que de 3 % en moyenne, alors que les étiquettes ont progressé de plus du double. D'où le risque d'un effondrement de l'économie et d'une crise sociale majeure si l'on poursuit dans cette voie alors que la poussée des prix s'amplifie. Effondrement et crise sociale, car la morsure de l'inflation est inégalitaire. Plus un ménage est modeste, plus la proportion de ses revenus consacrée au chauffage et au transport, les postes qui ont le plus augmenté, est importante.

En période d'inflation, la question politique et sociale clé n'est pas l'ampleur de la hausse des prix, c'est la répartition de sa charge. Vue d'une autre planète, la flambée des cours de l'énergie est un transfert de sommes des consommateurs – les pays européens, dans leur grande majorité – vers les producteurs, les pays du Moyen-Orient, les États-Unis et, quoi qu'on en dise, la Russie, qui n'a jamais gagné autant d'argent que depuis les sanctions, puisque même si les quantités exportées ont chuté, les prix ont explosé. Mais au sein des pays consommateurs, rien n'est réglé. Qui doit payer ? Comment répartir la charge sur les différents agents économiques, les ménages, les entreprises, l'État ?

Lors du précédent choc, en 1973, c'étaient les entreprises qui avaient payé la facture, puisque les salaires étaient protégés grâce au mécanisme de revalorisation automatique des rémunérations, l'indexation. Facture d'autant plus lourde que dans le même temps, en France, avec l'extension de l'État-providence, on a augmenté fortement leurs charges sociales, puis leurs impôts à partir de 1981. On les a prises pour des vaches à lait. Elles se sont donc vengées. En réduisant non pas le montant des salaires, étant obligées d'indexer, mais la quantité d'emploi. Ce qui a fait monter le chômage. Et en réduisant la rémunération du capital, celle des actionnaires. Ce qui a fait chuter les investissements. D'où la crise des années 1970-1980. La médication du programme commun de la gauche, à partir de 1981, n'a rien arrangé, puisqu'elle a relancé la consommation en augmentant les salaires et taxé les entreprises encore davantage – une politique à retenir dans les manuels d'histoire comme le parfait exemple du contretemps. Et ça n'est qu'en 1983 que le gouvernement se trouve contraint d'inverser la vapeur : il désindexe les revenus tout en limitant les dépenses publiques. Au prix d'une forte chute du pouvoir d'achat. En résumé, nous avons mis dix ans à nous répartir les désagréments du choc pétrolier, entre 1973 et 1983.

Le risque est aujourd'hui inverse, à trop charger la barque des salariés. Car s'ils sont trop pénalisés, eux aussi se vengeront, en réduisant leur consommation. Voire, si l'affaire s'envenime, en bloquant le pays avec des grèves. C'est un classique de la vie économique. Dès qu'un des agents est frappé, il cherche à refacturer le désagrément à ses partenaires de façon à préserver ses revenus. Autant dire qu'une mauvaise décision peut finir par coûter cher.

Pour rompre ce cycle du Mistigri, il faudrait aujourd'hui des négociations sociales par branches professionnelles, pour s'accorder sur des modalités d'indexation spécifiques pour chacune d'entre elles. Le luxe par exemple, pour ne rien dire de l'énergie, de l'automobile, ont des profitabilités exceptionnelles qui ne justifient en rien de contenir les salaires. L'hôtellerie-restauration, de son côté, a déjà signé pour une hausse de 16 %, afin de répondre la pénurie de ressources qui lui est propre. À l'inverse, le secteur du lait, en surproduction et victime d'une baisse des prix, ne peut pas distribuer autant. Seul le dialogue social permet de balancer les intérêts des différentes parties, de différer la rémunération de l'une en contrepartie de garanties de long terme. C'est la faiblesse française que de ne pas savoir utiliser cet amortisseur de choc qui fait merveille dans les pays d'Europe du Nord.

L'indexation ne doit pas être un tabou. Le risque de spirale prix-salaire existe bel et bien, mais celui de voir basculer des millions de gens dans la pauvreté est beaucoup plus sérieux. Quant à la perte de compétitivité pour la France qu'on pourrait redouter, soyons réalistes. Tous les pays européens subissent les mêmes pressions, et vont faire la même chose. Plusieurs pays, dont les entreprises ne sont pas les plus mal gérées, possèdent d'ailleurs des systèmes d'indexation des salaires sur la hausse des prix : la Belgique, l'Espagne, et même le Luxembourg. L'exemple de la Belgique est particulièrement intéressant, car le royaume a installé une sorte de frein temporaire qui peut être actionné justement lorsque la compétitivité se détériore, après négociations tripartites entre gouvernement, syndicats et patronat.

Ajoutons que la réapparition des frontières entre grands blocs économiques devrait mieux protéger les entreprises, de la concurrence chinoise en particulier, ce qui donne des marges supplémentaires. Et que si les actionnaires et détenteurs de capital trinquent quelque peu, personne ne pleurera. Ils ont eu non pas quelques belles années, mais quelques décennies éblouissantes. À vouloir comprimer les salaires aujourd'hui, alors que les prix de l'alimentation même s'envolent, ils prendraient le risque de provoquer une radicalisation du pouvoir politique, qui s'accompagnerait comme toujours de fortes restrictions de la circulation de l'argent. Il n'est pas sûr qu'ils y gagnent. Indexation ou Mélenchon, il faut choisir.

4.

La revanche du salarié

Un *job dating* inversé. Tel est l'étonnante initiative prise par Pôle emploi en 2022. Alors que jusqu'ici, c'étaient les candidats à l'emploi qui se succédaient devant l'employeur potentiel, disposant d'un court laps de temps pour vanter leurs qualités professionnelles, les rôles sont intervertis. Ce sont désormais les employeurs qui défilent devant de petits groupes de chômeurs, pour les convaincre de les rejoindre. Les recruteurs doivent faire court – huit minutes pour chacun. À eux de faire valoir les avantages des emplois qu'ils proposent, dans les services ou l'aide à domicile. « On fait 35 heures ? », demande un candidat potentiel. « Oui », répond la chef d'entreprise. « Et c'est possible de faire moins ? », s'enquiert une autre. « C'est possible de faire moins », rassure immédiatement la recruteuse. Des enchères inversées sur la durée du travail. Incroyable.

Incroyable, et pourtant à l'image de la situation sur le marché du travail de 2022, non seulement en France mais dans le monde entier. La pénurie de ressources humaines frappe presque tous les métiers, et presque tous les pays. Les métiers du soin, bien sûr, en particulier pour les personnes âgées. Les métiers de la santé, avec une pénurie mondiale d'infirmières. Les métiers du tourisme, qu'il s'agisse du voyage – pilotes de ligne, employés des aéroports… – ou de l'accueil, dans la restauration et l'hôtellerie. Les métiers de l'informatique, à la fois dans le service, la programmation, les réseaux, sans oublier l'industrie des semi-conducteurs. Les métiers du transport et de la logistique, alors que le secteur est en plein essor, tiré par le commerce en ligne. L'agriculture, qui ne parvient plus à effectuer ses récoltes, faute de saisonniers. L'industrie du luxe, dont la croissance n'a pas été infléchie ni par la pandémie, ni par la guerre. L'industrie tout court, quel que soit le secteur, qui se plaint du manque de formation et d'appétit pour les métiers de l'usine. C'est bien simple, on ne rencontre pas un chef d'entreprise, petit ou grand, qui ne se plaigne du manque de bras nécessaires pour honorer ses carnets de commande souvent bien pleins. Pendant des années, les patrons ne pensaient qu'à alléger leurs coûts en réduisant la masse salariale. Pendant toute la première moitié de 2022, ils étaient tenaillés par une obsession nouvelle, recruter.

Que s'est-il passé, pour que l'économie connaisse un tel manque, un tel retournement du rapport de force entre l'employeur et l'employé ? Jusqu'ici la persistance de centaines de milliers d'emplois vacants en France était expliquée par notre système social, exceptionnel par le nombre des allocations qu'il verse et leur montant, relativement à celui du salaire minimum. Les salariés faiblement qualifiés n'avaient en effet guère intérêt à travailler. Avec le coût du transport et celui des repas pris à l'extérieur, sans parler de la garde d'enfant, celui qui reprenait un job pouvait en réalité se trouver pénalisé financièrement. Ce qu'on appelle le « coin fiscal », c'est-à-dire le prélèvement qu'il subissait en reprenant le boulot, était plus lourd que celui d'un riche qui aurait vu ses revenus augmenter – un comble.

Juste après l'épidémie, c'est cette explication qui prévalait encore. Puisque le système social avait été fortement étendu pendant le confinement, il n'était pas étonnant que l'*homo œconomicus* réagisse en se retirant du marché du travail. Cet argument valait bien sûr pour la France, où les indemnités de substitution aux revenus du travail ont atteint des sommets, mais aussi dans d'autres pays comme les États-Unis, qui avaient mis en place pour la première fois des allocations voisines, quoique moins généreuses. Le *Wall Street Journal*, conservateur, multipliait alors les éditoriaux pour stigmatiser cette dérive à l'européenne qui allait intoxiquer les Américains et les détourner du travail.

Du Baltic au Big Quit

Cette explication n'est pourtant pas la bonne. Ça n'est au moins pas la seule. Et sûrement pas la principale. Car l'assèchement du marché du travail s'est produit dans tous les pays, quelle que soit l'importance des dépenses sociales, et il a perduré bien au-delà des mesures exceptionnelles mises en œuvre pour parer aux effets du confinement. C'est l'offre de travail qui a en fait explosé, avec une reprise économique tout à fait inhabituelle. Inhabituelle par sa vigueur, après la chute brutale de la production causée par les mesures sanitaires. Le redémarrage a été d'autant plus vif que, contrairement à la sortie d'une récession normale, les ménages avaient à la fois un emploi, celui d'avant, et de l'épargne accumulée, faute d'avoir pu dépenser les allocations de chômage partiel qui leur avaient été versées, à cause de la fermeture des magasins dits « non essentiels ». Autre bizarrerie, la reprise s'est produite de façon parfaitement synchrone, dans toutes les régions de la planète, parce que l'épidémie et les premiers confinements étaient eux-mêmes simultanés, à quelques semaines près. Alors que d'habitude, le flambeau de la reprise passe d'un continent à l'autre assez lentement. Rien de tel cette fois-ci, où les consommateurs du monde entier ont repris le chemin des magasins en même temps.

D'où les tensions très fortes sur l'appareil de production mondial : tout le monde a voulu en même temps la même chose, des vélos par exemple, en rupture de stock persistante, alors que les usines n'étaient pas prêtes pour un tel redémarrage. La mesure de ces tensions est fournie par l'évolution du Baltic Exchange Dry Index, qui enregistre le prix du fret maritime. Lorsque les confinements étaient quasi généralisés, au printemps 2020, le Baltic Index avait plongé aux alentours de 400, les plus bas niveaux observés depuis quarante ans. Dès le mois de mai, il s'envole. Son ascension le portera à plus de 5 000 à la mi-2021. Le prix des conteneurs, ces boîtes de métal de quarante pieds transportés par la mer entre Shanghai et Rotterdam qui font voyager le capharnaüm *made in China*, décolle pour dépasser les dix mille dollars par voyage.

Immanquablement, ces tensions se transmettent à tous les marchés du travail. Il faut des bras pour fabriquer. Emballer. Transporter. Livrer. Servir. Soigner. D'où une offre de recrutement bien supérieure à la normale, alors que dans le même temps, les ressources humaines n'ont pas suivi. Au printemps 2022, le patron français de l'entreprise d'intérim Adecco estimait à 35 % la proportion d'offres de recrutement non servies, en France comme sur les autres marchés des pays développés.

En réalité, non seulement la ressource n'a pas suivi, mais elle a même semblé s'être contractée, au sortir de la phase aiguë de l'épidémie. Aux États-Unis, deux à trois mois après la levée des confinements, commence un mouvement que la presse baptise « the Big Quit », la grande démission. Les salariés quittent leur employeur par vagues massives. Quarante-sept millions d'entre eux démissionnent en 2021, un record, dépassé encore au printemps 2022, avec quatre millions et demi de ruptures par mois. Pour la presse, pas de doute, c'est le retrait du monde forcé pendant le confinement qui a changé notre regard sur le travail. Les salariés auraient brutalement réalisé qu'ils perdaient leur vie à la gagner, délaissant leur famille, leurs amis et leurs passions. Sans doute y a-t-il eu quelque chose de cet ordre. L'épidémie aurait eu, selon l'économiste Daniel Cohen, un effet comparable à celui de Mai 1968, en installant une nouvelle hiérarchie des valeurs, privilégiant la vie privée au détriment du professionnel. Elle aurait exacerbé notre quête de sens, inassouvie dans la plupart des emplois.

Toutes proportions gardées, le phénomène atteint aussi l'Europe. En France, selon le ministère du Travail, quatre cent soixante-dix mille salariés quittent leur emploi au premier trimestre 2022 : c'est 20 % de plus que l'année précédente. Certains secteurs sont particulièrement frappés. La santé, et l'hôpital au premier chef, subit une véritable hémorragie. Elle est bien sûr accrue par les conditions de travail démentes que le personnel a subies pendant l'épidémie elle-même, faute de moyens, sous l'afflux de patients du Covid. Mille trois cents infirmières auraient démissionné en 2021, un millier d'étudiants ont abandonné la formation en cours d'année… Et près de 10 % du personnel soignant serait en arrêt maladie. En Allemagne, la pénurie de soignants a contraint à fermer quatre mille cinq cents lits d'hôpital. En Belgique, selon les organisations professionnelles, pour deux infirmiers recrutés, cinq disparaissent. En Autriche, on cherche à faire venir les diplômés de Roumanie et de Slovénie… Autre secteur en crise, la restauration, qui a vu chez nous l'exil définitif de cent cinquante mille personnes à l'occasion de la crise sanitaire. Les serveurs et les cuisiniers, forcés de chercher du travail ailleurs lorsque les restaurants étaient fermés, n'ont pas voulu retrouver leur secteur d'origine. À cause des conditions de travail, des horaires à rallonge et des salaires trop maigres.

Prenons garde toutefois à ne pas surinterpréter cette vague de départs. On vient de le voir, elle s'explique pour partie par des problèmes spécifiques à certains secteurs, davantage que par un refus de l'activité professionnelle en elle-même. Aux États-Unis, elle a été pour beaucoup le fait de séniors, qui n'ont fait qu'anticiper un départ à la retraite prévu dans les mois ultérieurs. Les candidats au départ ont été d'autant plus enclins à franchir le pas que le marché immobilier était en pleine forme, et qu'il permettait la revente de son logement avec une bonne plus-value pour compléter les revenus, tout comme le marché boursier.

Quant aux salariés qui n'ont ni la possibilité ni le souhait de prendre leur retraite, les démissions s'expliquent tout simplement par la vitalité du marché du travail : on quitte son emploi parce qu'on en veut un autre, mieux payé, plus proche, ou tout simplement nouveau. Il y a une corrélation évidente entre le nombre des créations d'emplois et celui des démissions. Plus le marché du travail est dynamique, plus le nombre de ruptures provoquées par le salarié est important. Ces rotations sont d'autant plus fortes que le changement d'emploi est en principe assorti d'une hausse de salaire. Aux États-Unis, près de la moitié de ceux qui quittent leur job pour un autre obtiennent une augmentation à deux chiffres. En temps d'inflation, la démission est tout simplement le moyen de maintenir ses revenus, faute d'augmentation suffisante lorsqu'on est en poste. Et gageons que même ceux qui démissionnent sans avoir cherché ou trouvé où atterrir sont sécurisés par la surchauffe du marché du travail. Ils se sentent autorisés à s'arrêter quelques mois en profitant de l'épargne accumulée pendant les confinements, en imaginant reprendre facilement une activité lorsqu'ils en auront besoin.

En France, cette hypothèse est confortée par l'évolution des taux d'activité, c'est-à-dire la proportion de personnes qui sont sur le marché du travail, soit en activité soit en recherche d'emploi. De 2019 à 2021, le taux d'activité des Français entre 15 et 64 ans – c'est la mesure conventionnelle de l'OCDE – est passé de 71,6 à 73 %. Plus d'un point d'augmentation, ce qui représente plusieurs centaines de milliers de personnes en plus sur le marché du travail… L'augmentation est encore plus forte pour les 15-24 ans, qui gagnent trois points, à 39,7 %, tout comme pour les 55-64 ans, à 59,7 %. Au sortir de cette période exceptionnelle qu'a été l'épidémie, il n'y a jamais eu autant de Français au travail depuis 1975, date du début de la mesure effectuée par l'OCDE ! Résultat contre-intuitif, mais avéré. En Allemagne aussi, le taux d'activité s'est légèrement repris. Mais ce n'est pas le cas dans tous les pays. Aux États-Unis, il a chuté de près d'un point… Ce sont les retraites anticipées évoquées plus haut. Contraction significative également au Royaume-Uni, où il manque cinq cent mille personnes par rapport à l'avant-Covid. Une saignée que le *Financial Times* explique par l'effondrement du service public de santé, le NHS, et la détérioration de l'état de santé des malades chroniques[1].

Il ne faut donc pas se tromper sur le sens de cette « Grande Démission ». Elle ne témoigne pas d'un refus du travail, sauf pour quelques cas marginaux, et pas davantage de l'addiction aux allocations, mais d'un rapport de force de plus en plus favorable aux salariés, qui leur permet d'être plus exigeants sur la qualité de leur vie professionnelle. Et c'est tant mieux.

Revanche des cols bleus

Ce rapport de force a été aussi modifié par une pratique apparue lors des confinements, le télétravail. Assignés à résidence, bon nombre de salariés ont pu poursuivre leur mission professionnelle grâce au téléphone, aux téléconférences et à la connexion à distance de leur ordinateur sur le système informatique de leur employeur. Selon une enquête Eurofound réalisée en mai 2020, 35 % des salariés étaient en télétravail dans l'Union européenne. Avec des proportions très variables selon les pays : 20 % seulement en Roumanie, et 60 % en Finlande[2]. Il semble y avoir une corrélation entre le niveau de formation et la propension à travailler à distance, pour une raison évidente : une activité intellectuelle se dématérialise facilement, contrairement aux tâches qui requièrent la présence physique, le plus souvent associées à une faible qualification.

On a vu alors des centaines de millions de salariés se battre avec câbles, applications de partage de documents et autres Zoom, de La Défense en région parisienne jusque dans les centres d'appels à distance des Philippines, qui avaient renvoyé chez eux leurs salariés pour réduire le risque de contamination. Aux difficultés techniques se sont ajoutées les contraintes de la vie parentale et familiale, avec la garde des enfants dont les écoles étaient fermées, et l'apprentissage de nouveaux usages : ponctualité rigoureuse en réunion à distance, installation d'un fond d'écran virtuel pour neutraliser le bazar de la salle à manger, submergée par les jouets des enfants et les restes du petit-déjeuner. Une expérience sans précédent, montée en quelques jours seulement sous la pression de la nécessité. D'un jour à l'autre, partout sur la planète, les responsables commerciaux se sont mis à tenir leurs points matinaux en pantalon de pyjama.

Le plus singulier, c'est que nous avions depuis déjà longtemps les outils à notre disposition, tant les réseaux de télécommunications, les box internet à domicile que les applications de téléconférence elles-mêmes – la première version de Zoom, inventée par une start-up californienne, remonte à 2012. Et personne, ou presque, ne les utilisait. À cause d'une puissante prévention du management, qui souhaitait avoir ses troupes à portée de fusil. Comme si le fait de voir les individus permettait de contrôler leur travail. Une illusion, au moins pour les métiers qui ne produisent pas des biens ou des services dénombrables. En fait, bon nombre de managers intermédiaires considéraient la présence physique comme une preuve de travail. Les contraintes sanitaires ont balayé ces préventions. Il a fallu brutalement changer l'organisation. À la région Île-de-France par exemple, passée au télétravail intégral et général, la plus grande difficulté a été justement de faire formaliser des objectifs précis par les managers à leurs troupes, de façon à ce que ceux-ci puissent organiser leurs journées à distance et être évalués… L'explicite a dû remplacer l'implicite.

Pour certains, cette révolution a été déstabilisante. D'abord parce que les relations personnelles au travail ont été interrompues, alors qu'elles sont un point d'appui précieux dans l'équilibre psychologique. Ensuite parce que c'est plus difficile de travailler seul, et plus encore si son logement est modeste. Enfin parce qu'il faut parvenir à établir une séparation franche entre vie personnelle et vie professionnelle : la déconnexion. Faute de quoi, le télétravail devient une servitude, car il empêche de profiter de son temps libre. En France, depuis 2017, un salarié n'est pas tenu de répondre à une sollicitation ou un mail arrivé en dehors de ses heures de travail. Ce « droit à la déconnexion » a été depuis adopté par de nombreux pays européens. Mais il doit encore progresser dans les têtes et les pratiques.

Pour d'autres, en revanche, les changements ont été bienvenus. Pour les jeunes, en particulier ceux qui ont une bonne formation, ce qui leur assure un haut degré d'autonomie. Ils peuvent désormais travailler d'où ils le souhaitent, profitant de leur communauté d'amis même en travaillant. Ou encore pour tous ceux qui ont retrouvé la jouissance des deux heures qu'ils passaient quotidiennement dans les transports en commun : leur temps libre éveillé a augmenté de 30 %. C'est considérable !

En réalité, le télétravail a augmenté la liberté de ceux qui profitaient déjà d'un rapport de forces favorable sur le marché du travail, alors qu'il a plutôt augmenté les contraintes des salariés en moins bonne position stratégique. En nous emmenant dans un monde où l'évaluation ne se fait plus avec le décompte des heures de présence d'un individu à un endroit précis, il a allégé les contraintes des travailleurs dont l'activité ne se mesure pas en heures, mais déstabilisé ceux pour lesquels l'horaire était à la fois une habitude et une protection. N'oublions pas que la comptabilisation des heures, si elle semble aujourd'hui rétrograde et presque punitive, a été le résultat d'une conquête sociale... Parce qu'elle a permis de borner de façon stricte la journée de travail, c'est-à-dire aussi de sanctuariser le temps libre. C'est seulement en 1848 qu'un décret fixe la journée maximum à... 12 heures de travail, après vingt années de luttes sociales qui portaient sur cette revendication. Les 12 heures ne deviendront 8, six jours par semaine, qu'au sortir de la première guerre mondiale.

Pour limiter les inconvénients de cette nouvelle formule, nombre d'entreprises s'orientent vers le travail « hybride », c'est-à-dire associant présence sur site et labeur à distance. Selon le ministère du Travail, dans le secteur privé, quatre emplois sur dix seraient susceptibles d'être effectués, partiellement ou en totalité, hors du bureau. Avec à la clé une économie de capital immobilier importante pour les entreprises. Les constructeurs auto français, Stellantis et Renault, qui figurent parmi les plus grands employeurs du pays, ont ainsi massivement réduit leur empreinte immobilière grâce au télétravail, libérant des économies de plusieurs centaines de millions d'euros annuels. Et avec un gain de productivité estimé à 20 % – la disparition des pauses cafés, discussions informelles et autres rituels de bureau. Gain dont l'entreprise ne profite pas directement, puisque c'est le salarié qui le récupère sous forme de temps libre supplémentaire.

On pourrait en déduire que les métiers non « télétravaillables » sont les grands perdants de l'affaire. Rien n'est moins sûr. Car ces travailleurs de « première ligne », comme on les avait baptisés en 2020, sont indispensables, au moins ceux qui travaillent dans la santé, l'aide à domicile, l'alimentation, l'énergie, la construction, la réparation – l'utilité vitale de la restauration est sans doute moins apparente, encore que cette considération ne soit pas partagée par tout le monde. En période de pénurie de ressources, ils sont encore plus aptes que les autres à faire jouer le rapport de forces. Signe de ces temps nouveaux, aux États-Unis, les augmentations de salaire des personnes les moins qualifiées, en bonne logique non télétravailleurs, sont désormais plus fortes que celles des autres, selon les statistiques de la Federal Reserve. C'est la première fois qu'on observe un tel phénomène, après des décennies où c'était l'inverse. Dans un marché en tension, celui qui est indispensable au fonctionnement d'un hôpital ou d'une centrale électrique n'est pas substituable. La présence physique voit son prix monter dans un monde où tout est numérisé et virtuel.

Non substituable, et par définition non délocalisable, tel est celui dont les tâches doivent être impérativement effectuées sur site. Mais ce n'est pas le cas des activités télétravaillables. Pour une entreprise qui exporte en Asie, avoir des commerciaux en télétravail à Chartres ou à Singapour ne fait pas grande différence, en matière d'efficacité. Et encore moins si le fuseau horaire est proche de celui du siège et de la production. Les métiers qui se prêtent au travail à distance sont en réalité largement délocalisables. Après tout, la délocalisation n'était-elle pas déjà du travail à (très longue) distance ?

Une étude récente de la Coface souligne que 27 % des emplois européens seraient transférables à l'étranger grâce aux réseaux de télécommunications : audit, comptabilité, services de la paie[3]... La Commission européenne, elle, va même jusqu'à 37 %. Cent soixante millions d'emplois européens seraient susceptibles de disparaître ainsi, alors qu'il y a trois cent trente millions de salariés dans les pays émergents capables de de les occuper, notamment en Inde et en Pologne, moins coûteux que dans les pays d'Europe de l'Ouest.

Une entreprise comme le géant allemand Siemens commence à recruter ainsi aux quatre coins du monde, en fonction non plus de la localisation des salariés, devenue secondaire, mais des compétences, pour construire des réseaux informatiques qui sont par essence virtuels[4], ou pour assurer la maintenance des systèmes qu'elle vend à ses clients. Européen, Siemens mobilise ainsi beaucoup plus facilement les talents d'Asie et d'Amérique, qui généralement ne veulent pas s'installer sur notre continent. Solvay, un groupe belge de l'industrie chimique, puise aussi dans le vaste réservoir mondial de talents grâce au télétravail.

Cette tendance naissante sera peut-être contrariée par les nouvelles considérations stratégiques qui s'imposent au business. En cas de nécessité, il est plus sûr de pouvoir mobiliser physiquement les compétences indispensables à l'entreprise. Mais elle pourrait s'étendre dans les fonctions banalisées. L'essor du télétravail aurait alors une conséquence tout à fait inattendue, en exerçant la pression à la baisse de la concurrence mondiale sur les salaires des personnes qualifiées, qui en étaient jusqu'ici protégées. Alors que dans le même temps, les non-qualifiés, dont on a besoin physiquement, exclus du marché international, verraient leur valeur monter sur les marchés du travail nationaux. Si cette hypothèse se vérifiait dans les années qui viennent, le télétravail, vu initialement comme un privilège de plus pour les « sachants », jouerait au contraire le rôle d'égaliseur des conditions sociales, en faveur des non-qualifiés. Une sorte de revanche du col bleu.

Danse du ventre

Dans un tel marché, les entreprises rivalisent pour attirer le peu de candidats qui se profilent. 2022 aura été l'année de la surenchère. Enchères salariales tout d'abord, sur les marchés les plus réactifs comme les États-Unis et le Royaume-Uni, où les rémunérations grimpent bien davantage que les années précédentes, entre 5 et 6 % en moyenne – il est vrai avec une inflation qui est bien supérieure en rythme annuel. En Amérique, où il y avait au début de 2022 deux offres de travail par candidat disponible, un niveau inédit, le constructeur informatique Apple a porté les salaires les plus faibles à 48 % au-dessus du niveau de l'avant-Covid… Le géant du logiciel Microsoft a fait de même. En France, les négociations salariales conclues il y a quelques mois se sont accordées sur 2 à 3 % pour l'année. Un niveau rendu caduc par l'accélération de l'inflation. De nombreuses entreprises ont été contraintes de rouvrir des négociations à l'automne. Les experts de la chose sociale prévoient désormais 4 à 5 % en 2022. Dans une grande entreprise industrielle comme Michelin, la masse salariale a augmenté de 10 % en 2021, avec notamment une prime de six cents euros pour les rémunérations les plus basses. Dans un autre grand groupe industriel, Air Liquide, un dirigeant se souvient en souriant qu'il n'y a pas si longtemps, les négociations salariales se cristallisaient sur 0,1 % en plus ou en moins… L'unité de base a été multipliée par dix !

Et il n'y a pas que le salaire. Martin Hirsch, alors patron de l'Assistance publique-Hôpitaux de Paris, en mal de recrutement, proposait, outre un emploi, une prime à l'embauche et un logement. Résultat quasi nul. La grande banque américaine CITI, prise dans la guerre des talents pour recruter de jeunes analystes, propose d'installer ses nouvelles recrues à Malaga, dans le Sud de l'Espagne – trois cent vingt jours d'ensoleillement par an – dans un centre créé spécialement, aux faux airs de village Club Med. Le salaire d'embauche est divisé par deux par rapport à ce que pratique CITI dans les grandes métropoles, mais les nouveaux embauchés sont assurés de ne pas travailler plus de 8 heures par jour (contre 12 habituellement), d'avoir leur week-end et de vivre dans un endroit où le coût de la vie est plus faible. La banque américaine mise, pour convaincre, sur un meilleur équilibre vie personnelle/vie privée. Deloitte UK, un cabinet d'audit et de *consulting*, en butte à de sérieuses difficultés pour recruter – les métiers de l'audit sont réputés arides – propose des jours fériés à la carte, correspondant à la religion, la culture ou la préférence des salariés. Dans la foulée, on attribue à chaque arrivant une allocation de six cents euros pour équiper son domicile en matériel de télétravail, alors que les bureaux ont été complètement repensés pour le travail hybride, avec images à 360 degrés pour téléconférences « immersives ». Chez Accenture, un cabinet de conseil international, il est désormais possible à tout salarié disposant d'au moins cinq ans de présence dans l'entreprise de prendre un congé personnel de trois mois, avec 50 % du salaire, en plus des vacances réglementaires. Chez l'avionneur Airbus, ce congé pour convenance personnelle peut atteindre deux ans, sans rémunération, mais avec la certitude de retrouver un poste de même niveau après. TotalEnergies, la compagnie pétrolière française, envisage de passer ses salariés à la semaine de quatre jours, sur site ou à la maison, à charge pour eux de s'organiser comme ils l'entendent.

C'est la danse du ventre. Partout, les entreprises se coupent en quatre pour épouser les nouveaux modes de vie des employés et augmenter leurs chances de les intéresser ou de les garder. Certaines vont même jusqu'à prendre parti sur les grandes questions de société, l'environnement et le climat, l'orientation sexuelle, l'éducation, pour donner à leurs employés le sentiment d'une communauté qui leur ressemble. Et parce qu'elles sont désormais pressées par les salariés de s'exprimer et d'agir comme si elles avaient un pouvoir politique. Ainsi Disney, en Floride, a-t-elle publiquement critiqué la politique du gouverneur conservateur Ron DeSantis, qui a fait interdire les cours sur le genre et l'orientation sexuelle à l'école primaire. En rétorsion, le gouverneur a d'ailleurs fait supprimer l'avantage fiscal historique dont profitait la compagnie de divertissement dans son berceau historique, la Floride.

« On entend davantage la voix des salariés », note un dirigeant français, « le Covid a durablement changé nos relations avec eux ». Le Covid, sans doute. La croissance qui a suivi la dépression de 2020, tout autant et peut-être même davantage. L'inversion du rapport de forces survivra-t-elle alors à la prochaine récession, ou même au ralentissement qui pointe, à la fin de 2022, dans la plupart des pays occidentaux, notamment sous l'effet de la crise énergétique ? C'est tout à fait probable, pour une raison à la fois silencieuse et extrêmement puissante : la démographie.

300 millions de Chinois… et moi

Le réservoir de travailleurs sur la planète, après avoir continument augmenté pendant des décennies, est en train de se contracter à grande vitesse. C'est ce que nous expliquent les démographes Charles Goodhart et Manoj Pradhan dans un livre éclairant. Il se contracte évidement chez nous, dans les pays développés, sous l'effet du vieillissement, qui va augmenter le taux de dépendance, c'est-à-dire le nombre de personnes sans activité professionnelle rapporté au nombre d'actifs. En France par exemple, dans les années 1990, il arrivait ainsi deux cent mille personnes chaque année sur le marché du travail. Les classes d'âges susceptibles de travailler, définies conventionnellement entre 15 et 64 ans, étaient alors encore nombreuses, sous l'effet du *baby-boom*, et de l'augmentation progressive du nombre de femmes sur le marché du travail. Aujourd'hui au contraire, la population active est quasiment stable d'une année sur l'autre, parce que le nombre de départs à la retraite augmente, alors que celui des entrants se réduit. Seule l'augmentation du taux d'activité ainsi que l'immigration, à la marge, ont permis d'augmenter la population au travail. Mais ces expédients ne suffiront plus, à terme, lorsque, à partir de 2045, la population totale du pays devrait commencer à diminuer.

Et encore la France ne figure-t-elle pas parmi les pays qui vieillissent le plus vite, grâce à un taux de fécondité qui reste acceptable, au regard de la moyenne des pays développés. En Italie, la population générale diminue déjà, et le nombre des actifs se contracte fortement, sous le double effet du vieillissement et de l'émigration de dizaines de milliers de jeunes Italiens chaque année, en particulier les plus qualifiés, qui ne trouvent pas d'opportunités professionnelles à leur mesure. Le pays a déjà perdu plus de cinq cent mille habitants dans les cinq dernières années. En Allemagne, si le réservoir d'actifs a continué à augmenter ces dernières années, c'est grâce à une immigration massive à partir de 2015, et à l'allongement continu de la carrière – l'âge de la retraite a été porté à 67 ans. Aux États-Unis, la population active continue d'augmenter, sous l'effet de l'immigration et d'un taux de natalité qui est resté élevé, mais c'est le taux de participation au marché du travail qui chute, contraignant les ressources productives.

Cette inversion de la tendance est évidemment mondiale, et c'est un élément capital, car en réalité les marchés du travail nationaux ne sont pas complètement cloisonnés. Ils sont en communication les uns avec les autres. D'abord par le canal de l'immigration, qui permet le transfert de forces de travail d'un pays à l'autre. Mais aussi par celui de la délocalisation, qui transfère d'un pays à l'autre le capital productif et les emplois qui lui sont associés. Ce qui détermine le rapport de forces entre employeur et employé, ce sont donc non seulement les conditions locales, mais aussi celles qui prévalent sur les autres marchés avec lesquels nous sommes connectés.

Or les pays émergents, avec lesquels les deux canaux de l'immigration et de la délocalisation sont actifs, connaissent eux aussi le vieillissement. Contrairement à une idée reçue, ce phénomène n'est pas seulement un problème de pays riches. Vieillissement parfois même plus brutal que le nôtre. C'est le cas par exemple de l'Europe de l'Est, de la Hongrie, la Roumanie, la Bulgarie, sans oublier bien sûr la Russie. Dans tous ces pays, la natalité s'est effondrée au moment de la chute des régimes communistes, il y a trente ans, et elle n'a jamais vraiment repris. Et les conséquences de cette attrition commencent à se faire jour sur le marché du travail.

Le cas le plus spectaculaire est évidemment celui de la Chine, qui fait elle aussi partie des pays vieillissant le plus vite. Pour différentes raisons évoquées au cours du premier chapitre, associant l'évolution des modes de vie et les conséquences du contrôle draconien des naissances mis en œuvre il y a quarante ans. La population active chinoise commence donc à diminuer, au rythme stupéfiant de sept millions d'individus par an – il est vrai que la Chine est le royaume des grands nombres, et qu'il reste du stock en la matière, plus de neuf cents millions d'individus en âge de travailler. Parallèlement, le pays a passé en 2015 ce que les économistes appellent « le tournant de Lewis ». C'est-à-dire le point à partir duquel les réserves de paysans arrivant en ville pour travailler se sont taries. Le miracle chinois est terminé.

Il faut ici revenir quelques instants sur l'extraordinaire rattrapage économique qu'a connu l'Empire du Milieu depuis quarante ans et ses conséquences démographiques. Les réformes initiales datent, formellement, de décembre 1978, mais n'ont été mises en œuvre que de façon progressive tout au long des années 1990, d'abord avec les zones économiques spéciales. C'est alors que commence le plus grand exode rural de tous les temps. Des ateliers industriels se montent, principalement dans le Sud du pays, à cause de la proximité de Hong Kong, alors un sas vers le monde capitaliste, et de la propension culturelle des Cantonais à faire du business. Ces ateliers innombrables qui champignonnent sont alimentés par une force de travail inépuisable, les paysans qui viennent de zones reculées, où le niveau de vie est moindre, dans l'espoir de mieux gagner leur vie grâce à l'industrie travaillant pour l'exportation. Le massacre de Tian Anmen, en juin 1989, interrompt temporairement le mouvement. Mais dès 1992, le vieux Deng Xiaoping relance l'ouverture, lors d'un voyage mythique dans le Sud du pays, où il célèbre les régions pionnières. Le territoire de l'« économie socialiste de marché », curieux néologisme inventé alors pour désigner le capitalisme débridé qui sévit en Chine, s'élargit. La marée des capitaux occidentaux arrive, pour constituer des *joint-venture* et faire fabriquer en Chine, principalement sur la côte orientale. Dans les vingt ans qui suivent, la Chine s'intègre à pas de géant dans l'économie-monde, au point de devenir le premier exportateur planétaire. Les artisans de ce décollage constituent l'armée des ombres de trois cents millions de paysans qui quittent leurs terres, attirés par les villes de la côte comme des papillons par la lumière.

La croissance de la Chine sur cette période n'est pas autre chose que la conséquence de cette migration intérieure d'une ampleur colossale. Il a fallu construire des centaines de millions de logements pour héberger ces fantassins en haillons, des écoles et des stades pour leurs enfants, des supermarchés et des restaurants pour les nourrir, des trains, des métros, des voitures et des routes pour les transporter, des habits pour les vêtir. Il y avait de quoi faire tourner l'économie avec une croissance de 10 % annuels pendant un tiers de siècle. Le miracle économique chinois, c'est la transplantation de trois cents millions de personnes dans les mégalopoles de la côte orientale pour les connecter aux marchés mondiaux en les faisant travailler pour l'export.

L'arrivée de ces légions de travailleurs a constitué un choc d'offre considérable sur l'économie planétaire. La population active mondiale s'est accrue de façon bien plus rapide que par l'évolution démographique naturelle, à l'initiative d'un seul homme, Deng Xiaoping, et du vote des responsables communistes réunis un soir de décembre 1978 à Pékin pour approuver son programme d'ouverture. Entre 1990 et 2017, la population active chinoise occupée à la production de biens pour le commerce international a augmenté de deux cent quarante millions d'individus, quatre fois plus que dans les pays développés sur la même période[5]. Dit autrement, l'irruption de la Chine sur le théâtre des échanges planétaires a fait doubler le nombre de personnes en âge de travailler. Un choc encore amplifié à l'autre bout du monde, en Europe et en Russie, par la chute des régimes communistes. À compter de la chute du Mur en 1989, de nouveaux contingents arrivent en effet sur le marché du travail mondial. Encore des dizaines de millions de personnes, dans les ex-démocraties de l'Est de l'Europe, qui s'intègrent elles aussi aux circuits planétaires, *via* leur connexion à l'industrie européenne et allemande en particulier.

C'est à ce choc d'offre sans précédent qu'il faut attribuer la stagnation des salaires des non-qualifiés, à partir de la fin du XXe siècle jusqu'à aujourd'hui, estiment nos deux démographes. Encore les effets largement documentés de la concurrence internationale, exhaussés par l'abaissement progressif des frontières commerciales[6]. Dans un tel environnement, élargi sans cesse par de nouveaux contingents de travailleurs prêts à œuvrer pour des clopinettes, impossible de négocier les salaires à la hausse. C'est encore à cet événement puissamment déflationniste qu'il faut relier l'assagissement de l'inflation mondiale, qui ne fera que s'accentuer au tournant du siècle, lorsque la Chine intègre l'Organisation mondiale du commerce, avec toutes les facilités d'exportation. La disparition de la hausse des prix doit probablement davantage à monsieur Li, paysan émigré du Hunan, qu'à Paul Volcker, le patron de la banque centrale américaine, qui a augmenté fortement les taux d'intérêt aux États-Unis en 1980, et qui est généralement crédité d'avoir terrassé l'inflation.

Frères ennemis

Ce monde-là a disparu. Le retournement démographique mondial est à l'œuvre, lentement, mais de façon irréversible et extraordinairement puissante, comme toujours avec la démographie. Ses conséquences macroéconomiques seront immenses, puisqu'il va falloir prélever de plus en plus pour financer un nombre croissant d'inactifs à partir d'un nombre décroissant d'actifs. En Chine, les « Quarante Glorieuses » sont révolues, le boom immobilier pour loger les cohortes de paysans se change en krach, et le pays va retrouver un rythme de croissance bien plus proche des nôtres. Mais concentrons-nous sur l'emploi et les salaires. Si le réservoir d'actifs se rétracte, le rapport de forces sur le marché du travail va s'inverser. Et se durcir. Les salaires vont remonter, y compris ceux des non-qualifiés, faute d'alternative sur le marché mondial. C'est la fin de l'âge d'or du capital, qui va devoir débourser davantage pour mettre en œuvre ses projets.

Des salaires qui montent, c'est aussi une inflation qui grimpe. Tout comme la dilatation du nombre d'actifs avait fait chuter la hausse des prix, sa contraction devrait entretenir les braises de l'inflation allumées par la guerre d'Ukraine et l'épidémie de Covid. C'est un argument de plus, et de taille, pour soutenir que l'inflation que nous voyons réapparaître aujourd'hui est durable. Et comme l'inflation finit toujours par dévaloriser l'épargne, c'est le capital qui devrait régler la note, au moins en partie. Les deux frères ennemis, capital et travail, qui s'étreignent dans une lutte aussi vieille que la société des hommes elle-même, sont sans doute à la veille d'une inflexion dans le rapport de forces qui les oppose l'un à l'autre.

Faut-il voir les premiers signes de ce nouveau chapitre de la lutte des classes dans le timide renouveau syndical que l'on observe aux États-Unis ? En juin dernier, un syndicat était créé pour la première fois chez Apple, dans le Maryland, malgré l'opposition de la direction. *Idem* chez Amazon, après de nombreux épisodes qui ont mis aux prises les salariés et la direction, tout comme chez Starbucks. Goodhardt et Pradhan estiment que l'inversion démographique pourrait corriger la déformation que l'on observe dans le partage de la valeur ajoutée, c'est-à-dire la croissance économique. Dans la quasi-totalité des pays de l'OCDE en effet, depuis plusieurs décennies, les fruits de la croissance sont davantage captés par les entreprises que par les travailleurs. En moyenne, au seuil de la période de forte mondialisation que nous avons connue, c'est-à-dire au début des années 1990, la part des salaires dans la croissance représentait encore ses deux tiers, 66,1 % très exactement. Elle n'a fait que chuter ensuite, pour atteindre 61,7 %[7] à la fin de la première décennie du siècle. Avec une exception remarquable, la France, où l'on n'a pas observé une déformation aussi importante qu'ailleurs, en Allemagne et dans les pays anglo-saxons notamment.

Pour les économistes de gauche, cet écrasement relatif de la part des salaires s'explique par les politiques libérales mises en œuvre à partir de cette date. À droite, au contraire, on estime qu'il ne s'agit que d'une correction, après le mouvement inverse durant le choc pétrolier, en grande partie absorbé par les marges des entreprises puisque les salaires étaient indexés sur l'inflation. Quant aux économistes qui n'ont pas de préférence idéologique marquée, ils soulignent de deux facteurs explicatifs. L'utilisation croissante de la technologie d'abord, avec la substitution homme-machine, par exemple le remplacement des secrétaires par des ordinateurs, qui a fait baisser mécaniquement la part des salaires dans la croissance. Et bien sûr la mondialisation, qui a réduit le pouvoir de négociation des moins qualifiés à cause de la concurrence internationale. Des explications qui convergent dans le fait que ce sont les salariés au bas de l'échelle qui ont payé la note, de deux façons différentes. D'abord parce que leurs salaires réels n'ont que peu monté, quand ils n'ont pas diminué après l'effet de la hausse des prix – encore une fois, la situation de la France est très différente de celle des États-Unis par exemple, grâce au Smic. Ensuite parce que la quantité d'emplois qui leur sont destinés a chuté. La part des salaires des plus qualifiés a, elle, augmenté sensiblement sur la période, plus encore que les marges des entreprises.

Le retournement démographique nous ferait donc aller vers un marché du travail moins inégalitaire, où les salariés non qualifiés retrouveraient la main, avec la perspective d'arracher au capital une part plus importante des fruits de la croissance. Ellen Zentner, *chief economist* de la banque américaine Morgan Stanley, note que la part des salaires dans la valeur ajoutée aux États-Unis, là où elle avait le plus chuté, commence déjà à remonter[8]. Est-ce une coïncidence ? Le point d'inflexion qu'elle identifie est justement 2015, la date à laquelle la Chine a passé le « tournant de Lewis » et a commencé à voir sa population active se contracter… De part et d'autre de l'océan Pacifique, les deux géants économiques mondiaux sont étroitement liés. Alors même que la Chine entre dans la normalisation économique, elle permet à l'Amérique de retrouver des relations plus équitables entre le travail et le capital.

Illusions malthusiennes

Encore faut-il, bien sûr, que de nouvelles légions de travailleurs ne viennent pas prendre la relève des Chinois et des Hongrois défaillants pour cause de vieillissement, et élargir le bassin d'emploi de l'économie mondiale. On peut penser que ce risque est aujourd'hui faible. D'abord parce que le monde est en train de se fragmenter, comme nous l'avons vu, compliquant les délocalisations, et que la crise climatique est en train d'éloigner les autres continents de nous – la mobilité va devenir de plus en plus coûteuse, car elle émet du carbone. Ensuite parce qu'il n'y a plus de candidat sérieux. L'Afrique subsaharienne, le continent qui va croître le plus au plan démographique, n'est pas près de jouer ce rôle, sinon de façon marginale, parce qu'elle manque des « biens essentiels » que sont la santé, la sécurité, les infrastructures et bien souvent encore l'éducation, qui permettraient le développement. Si l'Afrique augmente le réservoir de travailleurs, ce sera probablement davantage par les migrations vers le Nord qu'avec les délocalisations en provenance du Nord.

Quant aux fameux BRICS, célébrés il y a vingt ans comme les puissances montantes, oublions tout d'abord la Russie, pour des raisons que nous n'avons pas besoin de détailler. Restent le Brésil et surtout l'Inde, désormais le pays le plus peuplé du monde. Nul doute que l'Inde ne s'intègre davantage dans l'économie monde dans les années qui viennent. Quant à atteindre le rythme qu'a connu la Chine entre 1979 et aujourd'hui, c'est tout autre chose. D'abord parce que l'Inde est un pays qui reste foncièrement inégalitaire, dans l'accès de la population à la santé et à l'éducation, le fondement de la croissance. Le système des castes reste un obstacle majeur au développement. Le grand avantage de la Chine, dans la course au développement, était d'être passée par trente années de communisme brutal et obtus, qui a méthodiquement éradiqué le féodalisme qui prévalait jusqu'en 1949. Sans compter l'amélioration extraordinaire des conditions sanitaires, que seul un régime autoritaire pouvait réussir en une seule génération. Et l'égalité homme-femme, unique en Asie, qui a permis d'installer des femmes chefs d'entreprise ou responsables d'administration bien avant les pays occidentaux. Le prix à payer pour tout cela a été très élevé, ce sont les dizaines de millions de victimes des famines et des révolutions dites « culturelles ». Mais lorsque Deng arrive au pouvoir, il récupère un pays pauvre mais neuf, égalitaire, organisé, éduqué, en bonne santé physiologique, et prêt à en découdre pour retrouver le *leadership* planétaire qu'il a connu pendant des siècles. Rien de tel ni en Inde, ni au Brésil. Seul le Vietnam pourrait se trouver dans une situation comparable, pour des raisons très voisines de la Chine. Mais contrairement à la Chine, il a été contraint de gaspiller des ressources considérables dans toutes les guerres qu'il a conduites ou subies entre 1946 et 1980. Guerres qu'il a toutes gagnées, contre la France, les États-Unis, la Chine et ses propres voisins, mais qui l'ont laissé exsangue au moment où la Chine s'élançait. Il n'y aura pas de second miracle chinois.

Reste l'hypothèse, vraisemblable, d'une accélération de la substitution homme-machine, dont certains redoutent qu'elle n'affaiblisse à nouveau le rapport de forces des salariés, avec le chantage à la robotisation. L'épidémie, ou plutôt la continuation de l'activité pendant les confinements, a certainement ouvert de nouveaux champs à la productivité, avec l'utilisation massive des nouvelles technologies de communication, en particulier dans les PME, qui y avaient moins recours que les grands groupes. À force de réduire le « présentiel », on va finir par travailler sans présence humaine tout court. Les progrès de l'intelligence artificielle sont tels qu'ils permettent déjà de remplacer les humains pour le traitement des demandes de dépannage, dans les centres d'appels. Et le champ professionnel de ces machines ne va pas cesser de s'étendre, dans les emplois de niveau intermédiaire : comptabilité, audit, juridique, informatique.

Pour autant, ne cédons pas à l'illusion malthusienne, aussi vieille que les premières inventions des hommes. Elle s'est toujours avérée trompeuse, de l'invention du métier à tisser jusqu'à l'apparition d'Internet. La technologie ne détruit pas les emplois, mais des emplois, très localisés, remplacés par d'autres bien plus nombreux, dans les secteurs connexes. Sans elle, il n'y aurait pas eu de progrès matériel bien sûr, mais aussi social. Car c'est la productivité qu'elle libère qui autorise à la fois l'augmentation des salaires, la diminution du temps de travail et la baisse des prix relatifs.

Le caractère illusoire de cette crainte est démontré à la fois au niveau macro-économique – comme nous l'avons vu, en France, il n'y a jamais eu autant de personnes au travail en proportion de la population totale, alors que nous sommes par définition au plus haut niveau technologique jamais connu – et micro-économique. L'invention de la voiture met bien sûr à mal les cochers, les fabricants de fiacre, les éleveurs de chevaux, les palefreniers et les paysans qui cultivaient de l'avoine. Mais elle créé infiniment plus d'emplois directs, avec ses chaînes de fabrication, la construction des routes, des stations à essence ou aujourd'hui les usines de batteries et de bornes de recharge, et indirects, avec le temps et le confort gagné dans les distances qui a permis aux entreprises de devenir nationales. Il n'y a pas de raison pour que les inventions d'aujourd'hui et de demain aient un effet différent sur nos emplois et nos revenus.

Ou plutôt il y en a une, qui n'a rien à voir avec l'impact du progrès tel que le redoutent les malthusiens : c'est la crise climatique, et l'injonction à la sobriété énergétique qui se fait de plus en plus pressante. Mais là encore, qui peut préjuger de l'inventivité humaine et des découvertes futures en matière d'énergie et de captation du carbone ? Pourquoi la contrainte environnementale ne serait-elle pas intégrée à la croissance comme l'ont été le respect de la personne et l'amélioration continue des conditions sociales ? Ceux qui jugent impossible la croissance sans énergie fossile ne sont-ils pas comparables à ceux qui, il y a cent cinquante ans, pronostiquaient la mort des usines lorsqu'on a interdit le travail des enfants, qui comptaient en Europe pour 20 % de la main-d'oeuvre ?

À l'automne 2022, les nuages s'amoncellent sur l'économie mondiale. Les analyses du Fonds monétaire international, indument appelées « prévisions » car elles ne font jamais que refléter l'état d'esprit très volatil des décideurs planétaires, évoquent un retournement du cycle que nous avons connu depuis l'irruption d'un virus inconnu sur un marché de Wuhan, à la fin de 2019. Il y aura à nouveau des reprises et des récessions, comme avant ce cycle exceptionnel. Mais au plan structurel, indépendamment des fluctuations de la conjoncture, le marché du travail national et mondial aura profondément changé, à cause de la fragmentation du monde et des évolutions démographiques. Ces changements sont bien sûr porteurs de déséquilibres et de crises, qui se révéleront tôt ou tard. Mais porteurs aussi d'un cadeau, le rééquilibrage des relations entre le capital et le travail.

Trois tournants à venir

Sous l'actualité sombre de l'automne 2022, il y a donc des pousses vertes qui apparaissent. Elles témoignent du changement de modèle à l'œuvre depuis une quinzaine d'années. Changement de modèle radical, non pas seulement économique, mais idéologique, après quatre décennies de libéralisme.

L'autre modèle en marche

Le besoin de protection a remplacé le désir de liberté, qui avait été l'aiguillon de la génération de l'après-guerre pour remodeler la société. Sous l'effet de la disparition progressive de ces *baby-boomers*, la pulsion dominante de la psychologie collective est en train de s'inverser, au profit d'une nouvelle génération, qui va à son tour façonner le monde. Les *baby-boomers* s'étaient déterminés contre leurs parents qui, marqués par les guerres, recherchaient l'ordre et la sécurité. Récusant la rigidité de leurs aînés, ils avaient libéralisé d'abord la société, dans les années 1960-1970, puis l'économie, à mesure qu'ils s'intégraient sur le marché du travail, à partir des années 1980. Cette génération dorée est aujourd'hui largement à la retraite, ou au cimetière. Ses successeurs sont déjà à l'œuvre, leur influence ne va faire que grandir à mesure du temps et de leur conquête des leviers de pouvoir dans le monde politique et celui de l'entreprise.

Ces bouleversements idéologiques interviennent à intervalles relativement réguliers. Un siècle voit alterner les phases libérales et protectionnistes. Comme si nous allions toujours dans l'excès jusqu'à provoquer le retour de balancier, pour aller encore trop loin et déclencher une nouvelle inversion. L'excès de liberté ramène immanquablement la demande d'ordre, qui elle-même, au bout de quelques décennies, se caricature et se dénature au point de réveiller le besoin de liberté. Ainsi va la société des hommes, incapable de se stabiliser au réglage idéal dans les relations entre l'individu et le groupe, contrainte de passer d'un excès à un autre, chaque génération prenant le contrepied de celle qui l'a précédée avec l'illusion de construire un monde neuf. Alors que, faisant le contraire de ses parents, elle retombe immanquablement dans les erreurs de ses grands-parents... À cette oscillation perpétuelle s'ajoutent bien sûr les chocs de la transition géopolitique, qui voit se succéder les maîtres du monde. Car dans ce domaine aussi les générations dominantes passent, vieillissent et disparaissent, au profit de nouvelles, animées par le désir de conquérir et de dominer, ailleurs sur la planète.

Dans cette rotation des idées et des hommes, ce sont les transitions qui constituent les périodes les plus dangereuses. Lorsque l'ordre ancien craque sous la poussée des nouvelles valeurs et de leurs promoteurs, sans que ceux-ci aient encore pu imposer leur marque. Nous en sommes précisément là, alors que pointe ce nouvel état des choses que nous avons tenté de décrire dans les chapitres précédents. Alors, quand arriverons-nous à ce nouveau régime de croissance plus équilibré ? Quand cette accumulation de catastrophes va-t-elle cesser ?

Si l'on se fie à l'histoire, la mauvaise nouvelle est que la transition dure en moyenne une vingtaine d'années. Car ces moments charnière sont ponctués de crises, de soulèvements et de conflits. Pas plus que les individus, les sociétés ne changent sous l'effet de la bonne volonté ; elles ne le font qu'avec l'expérience de l'échec et de la souffrance. Il leur faut du temps pour renouveler leurs élites et leurs idées. Les élites sont bien sûr les plus lentes à changer, parce que ce sont elles qui ont le plus à perdre. La bonne nouvelle, c'est que nous en avons fait la plus grosse partie, puisque notre transition a commencé avec la crise financière, il y a une quinzaine d'années.

Les trois défis à relever

Restent pourtant trois épreuves à traverser. Ou trois défis auxquels il va falloir répondre.

Le premier n'est pas le moins périlleux. Il s'agit tout bonnement de surmonter les dernières secousses de la transition. Elles peuvent être de deux ordres. Macro-économique, tout d'abord, ou plutôt financier. À suivre encore les leçons de l'histoire, l'achèvement d'un cycle s'effectue avec la purge générale des valeurs. Valeurs idéologiques, politiques, morales, mais aussi financières, les unes étant liées aux autres – Wall Street est bien sûr le reflet d'une certaine vision du monde. Nous avons commencé ce nettoyage en 2008-2009. La déflagration a été violente au point de mettre en péril le système financier planétaire. Mais l'opération a été interrompue par les gigantesques plans de relance, pour éviter une dépression du type années 1930. Pour cela, nous avons émis de la dette, par milliers de milliards de dollars, d'euros, de yens et de yuans. Pire, depuis, nous avons repoussé les limites à l'endettement, dans tous les pays, avec l'aide des banques centrales qui ont baissé les taux d'intérêt et créé de la monnaie par tombereaux. Nos banques centrales, en principe garante de la valeur de la monnaie quitte à sacrifier la croissance, ont inversé leur priorité : plutôt la croissance que la monnaie. Elles sont devenues des agences gouvernementales pour développer la dette. Avec comme conséquence, on l'a vu, une inflation folle des valeurs sur les marchés financiers et désormais aussi sur le marché des biens – la hausse des prix.

La purge est donc loin d'être finie. Peut-être va-t-elle s'effectuer non pas avec un krach, comme il y a quinze ans, mais avec la forte détérioration de la valeur des monnaies elles-mêmes, en particulier le dollar et l'euro, à cause de l'inflation. Krach ou hyperinflation, le résultat identique, c'est le dégonflement des valeurs excessives, concentrées au cœur du système occidental, à Wall Street pour la finance et dans la Silicon Valley pour la technologie. À terme, c'est l'attrition de la part de l'Occident dans l'économie et la finance mondiale qui nous attend.

L'autre secousse est de nature géopolitique. Tous les risques se concentrent là où sont aux prises le maître du monde d'hier, l'Amérique, et celui qui veut l'être sans l'être tout à fait, la Chine. C'est-à-dire bien sûr à Taiwan. Les manœuvres militaires chinoises déclenchées cet été dans la foulée de la visite de l'américaine Nancy Pelosi à Taiwan étaient une répétition générale de l'invasion de l'île par l'Armée populaire dite « de libération », qui auront permis d'annexer une partie du détroit maritime de Taiwan, au détriment des eaux internationales. Selon certains responsables militaires américains, la Chine pourrait tenter cette invasion dès 2023, lorsqu'elle disposera des capacités navales suffisantes et alors qu'elle peut encore profiter d'un président faible, Joe Biden, à la Maison blanche.

Le comportement agressif de la Chine, et sur Taiwan, et sur Hong Kong, lors des grandes manifestations de 2019-2020, montre que Pékin a perdu tout espoir de récupérer l'île indépendantiste pacifiquement. Le dictateur ne cherche même plus à sauver les apparences vis-à-vis de l'Ouest. Ce qui signifie qu'à ses yeux, la confrontation est inévitable. Il y a donc toutes chances pour qu'elle se produise. À terme, c'est le contrôle d'une partie de l'océan Pacifique que Washington va devoir abandonner à Pékin. C'est, là encore, le rétrécissement de l'influence occidentale qui se profile à travers cette crise.

Deuxième épreuve, de nature fort différente, la régulation sociale et salariale pendant cette période de transition. En France, avant le déclenchement brutal de l'inflation, au début de 2022, les salaires augmentaient bon an mal an de 2 % chaque année, libérant un modeste gain de pouvoir d'achat, puisque la hausse des prix n'a dépassé 2 % qu'à quatre reprises sur les trente dernières années. Et ces conditions monétaires se retrouvaient peu ou prou dans tous les pays dits développés. On l'a vu, cette « Grande Modération » est révolue, et probablement pour plus longtemps qu'on ne le soupçonne. Déjà, économistes et institutions internationales ne cessent de reculer la date estimée du retour à la normale : fin de 2022, 2023, puis 2024. C'est reconnaître sans le dire que le phénomène de hausse des prix n'est pas aussi transitoire que certains l'avaient cru.

Or l'inflation provoque de puissantes redistributions de richesses au sein de la société. D'autant plus importantes qu'elles se dissimulent derrière l'illusion monétaire. Et que nous avons perdu la culture de l'inflation, justement à cause de la quasi-stabilité des dernières décennies : nous ne savons plus très bien comment répartir le fardeau. Sans système de régulation, c'est le salarié qui trinque. Son pouvoir d'achat chute, puisque la valeur de sa rémunération, exprimée en biens et en services achetables, diminue. Et la chute est inversement proportionnelle au niveau de vie. Les ménages les plus modestes trinquent donc davantage que ceux qui sont bien placés dans l'échelle des revenus, parce que la part des dépenses dites « contraintes » dans leur budget est plus importante.

Au fil de l'année 2022, les gouvernements européens ont tenté d'atténuer ce choc sur le pouvoir d'achat. Avec des stratégies différentes. Au Royaume-Uni, les aides ont été symboliques, alors que la hausse des prix était plus vive que sur le continent. Le résultat a été catastrophique sur les comptes des ménages, qui vont probablement connaître cette année la plus forte chute de leurs revenus réels depuis la guerre. À l'autre extrémité, la France a multiplié les « boucliers tarifaires » sur les prix de l'énergie et les compléments de revenus, pour plusieurs dizaines de milliards d'euros annuels. Le pouvoir d'achat des Français connaîtra bien une évolution négative en 2022, mais les coussins budgétaires déployés par l'exécutif en auront amorti une bonne partie.

Ce recours à l'argent budgétaire ne peut pas être durable. Que l'état atténue un choc ponctuel, c'est normal et même souhaitable, si cela permet d'éviter une récession qui ferait grimper le chômage et amputerait les recettes fiscales. La dépense exceptionnelle de soutien à la consommation, si elle n'est à l'évidence pas un investissement, produit tout de même des effets positifs de moyen terme. Quant à la pérenniser, alors que les comptes de l'État sont plombés par un déficit structurel qui n'a cessé d'augmenter ces dernières années, c'est tout autre chose. Ce n'est pas le rôle de l'État que de subventionner les prix de façon générale et durable. Surtout pas le prix des énergies fossiles, dont il dit combattre par ailleurs l'utilisation. Ce serait un paradoxe regrettable que de voir les marges de manœuvre dévorées par le soutien au gaz et à l'essence, au détriment de l'investissement dans les renouvelables et le nucléaire, qui nous permettraient justement d'échapper en partie à la dépendance.

L'argument budgétaire se double d'un argument de philosophie économique et sociale : c'est à l'employeur de rémunérer le travail. Il « achète » un certain nombre d'heures de labeur et avec elles l'engagement du salarié ; il doit en payer le prix. Si ce prix change, il doit suivre. Il est d'ailleurs troublant de constater que, dans certains secteurs comme l'automobile, les prix facturés aux consommateurs augmentent fortement – c'est la définition même de l'inflation – alors que les salaires ne bougent que peu. Où passe la différence ? Dans les bénéfices des constructeurs, qui n'ont jamais été aussi rentables, même s'ils ne produisent pas autant de véhicules qu'ils le souhaiteraient à cause de la pénurie de composants. Une telle disproportion n'est pas souhaitable. Et encore les salariés de l'automobile ne sont-ils pas les moins bien lotis.

Le pouvoir de négociation des salariés va se renforcer dans les années qui viennent, grâce aux évolutions démographiques que nous avons soulignées dans ce livre. Mais ni l'économie, ni la stabilité sociale et politique ne peuvent attendre jusque-là. Faute d'une nouvelle régulation des salaires, nous nous dirigeons vers une crise sociale. Et une impasse macro-économique : comment imaginer que la croissance se poursuivra si les salaires ne suivent pas les prix ?

Par tradition, par culture, la France n'est guère encline à négocier de vastes compromis sociaux avec le patronat et les syndicats, comme savent le faire les pays d'Europe du Nord. Le dialogue social « à la française » est miné par la méfiance réciproque des acteurs, et souvent dévoré par les initiatives incessantes de l'État, qui se substitue à l'absence de discussions – sa forte emprise est à la fois la conséquence et la cause de la mésentente. Les patrons regrettent l'ignorance délibérée, de la part des représentants des salariés, des contraintes de la compétitivité internationale qui s'imposent aux entreprises. Alors que les syndicats critiquent le court-termisme des dirigeants d'entreprise, qui rechignent toujours à s'engager en matière de relations sociales dans la durée.

Le projet de réforme des retraites offre pourtant une fenêtre pour rouvrir le dialogue, si on en élargissait le cadre. Car il pourrait être lié justement à un mécanisme de ré-indexation prudente des salaires, assorti, comme en Belgique, de freins en cas de détérioration de la compétitivité. Des carrières plus longues – est-il besoin de rappeler que l'allongement de la vie en bonne santé le permet pour une part importante des salariés ? –, avec en échange des salaires plus dynamiques et des baisses de cotisations patronales. Cela supposerait que l'on affecte le produit de la réforme non pas aux retraités, comme c'est envisagé dans le dernier projet en date, mais aux actifs. La création du futur Conseil national de la refondation, un projet du chef de l'État souvent brocardé, permettrait de travailler à ce contrat social sur une longue durée. Le CNR pourrait jouer un rôle analogue à celui naguère dévolu au Commissariat au plan, lorsqu'il servait à rapprocher les partenaires sociaux grâce à la prospective.

L'État, le plus grand défi

Troisième et dernier défi, capital, la révolution de l'État. Dans le monde qui pointe, c'est lui qui sera en première ligne. Dans les affaires militaires et diplomatiques, à l'évidence, alors que le temps des prédateurs est revenu, pour reprendre le titre d'un livre du spécialiste de géopolitique François Heisbourg. S'agissant de l'approvisionnement en matières premières et en biens stratégiques, le secteur privé ne peut réussir seul. La faillite de la politique énergétique européenne en témoigne de façon cuisante. En matière sanitaire, alors que les épidémies reviennent. Dans la constitution des nouvelles filières industrielles, du labo à l'usine. Pour ne rien dire de ses missions habituelles, l'éducation, la justice et la sécurité des citoyens, où son efficacité s'est sensiblement détériorée depuis vingt ans. Autant la compétitivité des entreprises était le facteur critique dans la mondialisation d'hier, autant l'efficacité et l'intelligence de l'État seront déterminantes demain.

Un État à la hauteur de ce monde qui pointe, c'est un État qui devra retrouver la capacité d'attirer les ressources bien formées et exigeantes, capables, à l'instar de ce qu'a fait la fameuse BARDA américaine, de parier sur les bons projets de vaccins contre le Covid. Revalorisation des carrières et des salaires, mais aussi refonte de l'organisation. De ce point de vue, les dix milliards d'euros dépensés pour l'hôpital avec le Ségur de la santé n'ont pas produit de résultats significatifs, pas plus que les hausses de salaire dans l'Éducation nationale. Il s'agit bien sûr d'un chantier de titan que celui-ci. Il avait été entrepris par Nicolas Sarkozy et, dans une mesure moindre, par François Hollande. Mais l'actuel président l'a largement oublié, sinon avec la réforme de l'ENA. C'est regrettable.

Comment demander d'investir davantage dans notre État, alors que la sphère publique française mobilise déjà plus de 44 % de la richesse nationale, soit mille cents milliards d'euros de prélèvements obligatoires annuels ? Comment l'État peut-il manquer d'argent alors qu'il n'a jamais autant prélevé d'impôts – près de six points de PIB de plus que la moyenne européenne ? C'est en réalité la redistribution qui mange une part croissante du produit des impôts. Les revenus sociaux, c'est-à-dire les pensions et prestations sociales, ont considérablement augmenté depuis trente ans. Pour partie à cause de l'augmentation du nombre de retraités, qui fait gonfler mécaniquement l'enveloppe que nous consacrons aux pensions. Mais aussi parce que la couverture sociale des français s'est étendue. Avec l'extension de la prime pour l'emploi, pour les salariés modestes, ou encore le congé paternité, porté à vingt-huit jours. Jusqu'à des dépenses tout à fait saugrenues – le Pass culture, qui offre aux jeunes un crédit de dépenses financée par l'État et largement investi en bandes dessinées japonaises, ou l'invraisemblable chèque réparation vélo. Ou encore les allocations logement pour les étudiants dont les parents ont de bons revenus. Il n'est pas un mois sans invention d'une nouvelle aide ou garantie.

En 2020, année certes exceptionnelle à cause des aides débloquées pendant les confinements, les prestations sociales ont compté jusqu'à 42 % des salaires et traitements nets… Tout cela dévore les ressources fiscales, au détriment des services publics qui se paupérisent. Et cela explique ce paradoxe qui fait de la France un état faible avec un taux de prélèvement qui est l'un des plus élevés de l'OCDE.

L'alternative est devant nous, et elle sera douloureuse. Laisser la redistribution dévorer progressivement les moyens financiers de l'État, sous l'effet du vieillissement et de notre propension inextinguible à appeler l'État à l'aide ? Ou réarmer la puissance publique pour ce nouveau cycle de croissance qui s'ouvre ? Un observateur optimiste garde l'espoir que ses concitoyens et les élites feront les choix les plus profitables à la collectivité. S'il sait que le pire est toujours certain, il n'oublie pas qu'*impossible n'est pas français*.

Notes

Introduction

1. De l'auteur, *Tout va basculer*, Paris, Albin Michel, 2019.

2. Yanis Varoufakis, « Sympathy for Germany », *Project Syndicate*, 26 juillet 2022.

3. Serge July, *Les Années Mitterrand*, Paris, Grasset, 1986.

1. Un monde sans maître

1. Thomas Friedman, *La Terre est plate. Une brève histoire du XXI*e *siècle* [2005], trad. Laurent Bury, Paris, Perrin, 2010.

2. Paul Kennedy, *Naissance et déclin des grandes puissances. Transformations économiques et conflits militaires entre 1500 et 2000* [1988], trad. Marie-Aude Cochez et Jean-Louis Lebrave, Paris, Payot, 1991.

3. Kishore Mahbubani, *Le Jour où la Chine va gagner. La fin de la suprématie américaine* [2020], trad.

Olivier Salvatori, préface d'Hubert Védrine, Paris, Saint-Simon, 2021.

4. Richard Kagan, *The Return of History and the End of Dreams*, New York, Knopf, 2007.

5. Edward Luce, *The Retreat Of Western Liberalism*, Boston, Little, Brown & Co., 2017.

6. « Era of cheap Chinese manufacturing over », *The Telegraph*, 23 juin 2022.

7. Raghuram G. Rajan, « Non à la restriction du commerce aux pays amis ! », *Project Syndicate*, 3 juin 2022.

8. François Lenglet, *La Fin de la mondialisation*, Paris, Fayard, 2013.

2. « *Take back control!* »

1. Élie Cohen, *Souveraineté industrielle : vers un nouveau modèle productif*, Paris, Odile Jacob, 2022.

2. Nicolas Dufourcq, *La Désindustrialisation de la France, 1995-2015*, Paris, Odile Jacob, 2022.

3. Jacques Sapir, *Le Grand Retour de la planification ?*, Paris, J.-C. Godefroy, 2022.

4. Voir Élie Cohen, *Souveraineté industrielle : vers un nouveau modèle productif*, *op. cit.*

4. La revanche du salarié

1. « Chronic illness make UK workforce the sickest in developed world », *Financial Times*, 21 juillet 2022.

2. Jacques Barthélémy et Gilbert Cette, *Travail et changements technologiques. De la civilisation de l'usine à celle du numérique*, Paris, Odile Jacob, 2021.

3. *The Risk and Opportunities of virtual Offshoring*, Coface Economic Publications, 23 juin 2021.

4. « Siemens embraces remote working in search for tech talent », *Financial Times*, 19 juillet 2021.

5. Charles Goodhart et Manoj Pradhan, *The Great Demographic Reversal: Ageing Societies, Waning Inequality, and an Inflation Revival*, London, Palgrave MacMillan, 2020.

6. François Lenglet, *La Fin de la mondialisation*, Paris, Fayard, 2013.

7. *Partage de la valeur ajoutée entre travail et capital : comment expliquer la diminution de la part du travail ?*, Publications de l'OCDE, 2012 (en ligne : https://www.oecd.org/fr/els/emp/EMO%202012%20Fra%20_Chapitre%203.pdf).

8. « The return of the worker's economy », *Financial Times*, 4 juin 2022.

Table des matières

MIXTE
Papier issu de
sources responsables
FSC® C003309

L'éditeur de cet ouvrage s'engage
pour la préservation de l'environnement
et utilise du papier issu de forêts gérées
de manière responsable.

Achevé d'imprimer en septembre 2022
par Normandie Roto Impression s.a.s.
N° d'impression : 2203996
Imprimé en France